Alphones Daudet

CONTES CHOISIS

annotés par
Hong Seung-O

Shinasa

Table des Matières

Lettres de Mon Moulin

Contes du Lundi

Lettres de Mon Moulin

Avant-Propos

Par-devant[1] maître[2] Honorat Grapazi, notaire à la résidence de Pampérigouste,[3]

«A comparu:

«Le sieur Gaspard Mitiflo, époux de Vivette Cornille,[4] ménager[5] au lieudit des[6] Cigalières et y demeurant;[7]

«Lequel[8] par ces présentes[9] a vendu et transporté sous les garanties de droit et de fait,[10] et en franchise de[11] toutes dettes, privilèges et hypothèques,

«Au sieur Alphonse Daudet, poète, demeurant[7] à Paris, à ce présent et ce acceptant,[12]

«Un moulin à vent et à farine, sis dans la vallée du Rhône, au plein cœur de[13] Provence, sur une côte boisée de pins et de chênes verts; étant[14] ledit moulin abandonné depuis plus de vingt années

---

1. **Par-devant...** 「…앞에」. 법률용어. 이 작품에는 법률용어가 많이 나온다.
2. **maître** 공증인, 변호사 등에 대한 경칭
3. **à la résidence de Pampérigouste** 「Pampérigouste에 거주하는」. Pampérigouste는 옛날 이야기에 흔히 나오는 가상의 나라.
4. **Vivette Cornille** 다음에 나오는 <Le Secret de Maître Cornille>의 주인공인 maître Cornille의 손녀.
5. **ménager** 「소유주」. 프로방스 지방의 방언.
6. **au lieudit de ~** 「…라는 곳에」. 공증인들이 쓰는 법률용어.
7. **demeurant**=qui demeure.
8. **Lequel** 관계대명사. 선행사는 le sieur Gaspard Mitiflo 법률용어. 일상용어로는 **qui.**
9. **par ces présentes** 「이 증서에 의해서」. 법률용어.
10. **sous les garanties de droit et de fait** 「법률과 사실의 보증하에」.
11. **en franchise de ~** 「…의 해제하에」. 법률용어.
12. **à ce présent et ce acceptant** 「양자 합의하여」. 법률용어. ce=cela.
13. **au plein cœur de ~** 「…의 중심에」.
14. **étant**=qui est.

et hors d'état de[1] moudre, comme il appert des[2] vignes sauvages, mousses, romarins, et autres verdures parasites qui lui grimpent jusqu'au bout des ailes;

«Ce nonobstant, tel qu'il est et se comporte,[3] avec sa grande roue cassée, sa plate-forme où l'herbe pousse dans les briques, déclare le sieur Daudet trouver ledit moulin à sa convenance et pouvant[4] servir à ses travaux de poésie, l'accepte à ses risques et périls, et sans aucun recours contre le vendeur, pour cause de réparations qui pourraient y être faites.

«Cette vente a lieu[5] en bloc moyennant le prix convenu, que le sieur Daudet, poète, a mis et déposé sur le bureau en espèces de cours,[6] lequel prix[7] a été de suite[8] touché et retiré par le sieur Mitiflo, le tout[9] à la vue des[10] notaires et des témoins soussignés, dont quittance sous réserve.[11]

«Acte fait à Pampérigouste, en l'étude Honorat, en présence de Francet Mamaï, joueur de fifre, et de Louiset dit le Quique,[12] porte-croix des pénitents blancs;[13]

«Qui ont signé avec les parties[14] et le notaire après lecture. . . »

---

1. **hors d'état de...** 「…할 수 없는」. étant에 걸린다.
2. **comme il appert de...** 「…에 의해서 명백한 것처럼」. appert는 부정법과 직설법현재로만 쓰이는 비인칭동사 apparoir의 현재형.
3. **tel qu'il est et se comporte** 「현상대로(의)」. 법률용어.
4. **trouver ledit moulin à sa convenance et pouvant...** 「상기 풍차 방아간이 마음에 들고 …할 수 있다고 생각하다」. trouver ledit moulin pouvant=trouver que ledit moulin puisse.
5. **a lieu** avoir lieu (일어나다, 행해지다.)의 현재.
6. **en espèces de cours** 「유통되는 현금·화폐로」.
7. **lequel prix** 「그 대금」. 관계대명사. 선행사는 le prix convenu. lequel 뒤에 prix를 붙인 것은 lequel이 무엇을 가리키는지 더 분명하게 하기 위한 것.
8. **de suite**=tout de suite. 9. **le tout** 「일체」. 여기서는 명사.
10. **à la vue de...** 「…의 입회하에」. 법률용어.
11. **dont quittance sous réserve** 「본 증서는 그 조건부 영수증이다」. dont은 전치사 de가 포함된 관계대명사로서 여기서는 「전기 대금」이란 뜻.
12. **Louiset dit le Quique**=Louis dit le petit 「꼬마 루이」라는 뜻의 프로방스 방언.
13. **pénitents blancs** 「흰 복장의 고행회 회원」. pénitents은 특수한 고행을 하는 속인의 신자단. 14. **parties**=parties contractantes 「계약 당사자」.

Installation

Ce[1] sont les lapins qui ont été étonnés!...Depuis si longtemps qu'ils voyaient[2] la porte du moulin fermée, les murs et la plate-forme envahis par les herbes, ils avaient fini par croire que la race des meuniers était éteinte,[3] et, trouvant la place bonne,[4] ils en[5] avaient fait quelque chose comme un quartier général, un centre d'opérations stratégiques: le moulin de Jemmapes[6] des lapins...La nuit de mon arrivée, il y en[7] avait bien, sans mentir, une vingtaine assis en rond sur la plate-forme, en train de[8] se chauffer les pattes[9] à un rayon de lune... Le temps d'entrouvrir une lucarne,[10] frrt![11] voilà le bivouac en déroute, et tous ces petits derrières blancs qui détalent, la queue en l'air,[12] dans le fourré. J'espère bien qu'ils reviendront.

Quelqu'un[13] de très étonné aussi, en me voyant, c'est le loca-

---

1. **ce** 중성지시대명사로서 문법상 주어. qui 이하가 내용상의 주어.
2. **depuis si longtemps qu'ils voyaient**=c'est depuis si longtemps qu'ils voyaient.
3. **était éteinte** éteindre의 수동형 반과거. éteindre=éteindre la race (혈통을 끊다).
4. **trouvant la place bonne** 「그 장소가 좋다고 생각해서」. **trouvant**=parce qu'ils trouvaient. la place는 직접목적보어이고 bonne는 그 속성을 나타내는 속사이므로 la place의 성·수에 일치.
5. **en**=de la place.
6. **Jemmapes** 벨기에의 Mons 부근의 지명. 여기서 1792년 10월 6일 Dumouriez가 오스트리아군을 격파했다. Dumouriez의 의용군 작전본부는 Bossu-les-Mons의 어떤 풍차 방아간이었다.
7. **en**=de lapins. une vingtaine의 보어.
8. **en train de**=occupé à.
9. **se chauffer les pattes** 신체의 부분에 관해서는 소유형용사를 쓰지 않고 그대신 정관사를 쓰며 앞에 간접보어 대명사를 넣어준다. 따라서 chauffer leurs pattes의 뜻이긴 하지만 그렇게 쓰지는 않는다.
10. **Le temps...lucarne** 앞에 Il n'y avait que가 생략된 문장.
11. **frrt!** 「후닥닥」. 의태어.
12. **la queue en l'air** 「꼬리를 공중에 뻗치고」. 양태의 상황보어. 앞에 avec나 ayant을 보충해 보면 알기 쉽다.
13. **quelqu'un** 형용사를 보어로 뒤에 가질 때는 그 사이에 de가 들어가며 그 형용사는 중성이 되어 성·수 불변.

taire du premier,[1] un vieux hibou sinistre, à la tête de penseur,[2] qui habite le moulin depuis plus de vingt ans. Je l'ai trouvé dans la chambre du haut,[3] immobile et droit sur l'arbre de couche, au milieu des plâtras, des tuiles tombées. Il m'a regardé un moment avec son œil rond; puis, tout effaré de ne pas me reconnaître, il s'est mis à faire: «Hou! hou!» et à secouer péniblement ses ailes grises de poussière;—ces diables de penseurs![4] ça[5] ne se brosse jamais. . . N'importe! tel qu'il est,[6] avec ses yeux clignotants et sa mine renfrognée, ce locataire silencieux me plaît encore mieux qu'un autre, et je me suis empressé de lui renouveler son bail. Il garde comme dans le passé tout le haut[7] du moulin avec une entrée par le toit;[8] moi je me réserve la pièce du bas,[9] une petite pièce blanchie à la chaux, basse et voûtée comme un réfectoire de couvent.

*

C'est de là que je vous écris, ma porte grande ouverte,[10] au bon soleil.

Un joli bois de pins tout étincelant de lumière dégringole devant moi jusqu'au bas de la côte. A l'horizon, les Alpilles[11] découpent

---

1. **du premier**=du premier étage (이층의).
2. **à la tête de penseur** 「철학가·사상가연한 얼굴을 하고 있는」. à는 특징을 나타내는 전치사.
3. **la chambre du haut**=la chambre du premier étage.
4. **ces diables de penseurs** 「아니꼬운 철학자들」. diable은 원래 악마라는 뜻이지만 ce diable de ~를 써서 구어에서는 불만이나 혐오감 또는 놀라움을 자아내는 사람이나 사물을 가리킨다. 복수를 쓴 것은 이 올빼미 뿐 아니라 「대체로 철학자라는 자들이란」하는 뜻을 풍기기 위한 것이다.
5. **ça** cela의 구어형. ces diables de penseurs를 받는다.
6. **tel qu'il est** 「그가 지금 있는 그대로의 상태로, 그대로」.
7. **le haut** h가 aspiré이기 때문에 l'haut가 될 수 없다.
8. **une entrée par le toit** 「지붕으로 드나들 수 있는 입구」.
9. **la pièce du bas** 「아래층의 방」.
10. **ma porte grande ouverte** 앞에 avec를 보충해 보면 알기 쉽다. grande는 부사로 사용되었기 때문에 원래는 성·수를 변하지 않아야 하겠지만 frais나 large처럼, 과거분사와 함께 사용되면 그 앞의 명사의 성과 수에 일치한다.
11. **les Alpilles** Alpines라 쓰기도 하며, Bouches-du-Rhône현에 있는 작은 산맥의 이름.

leurs crêtes fines. . . Pas[1] de bruit. . . A peine,[2] de loin en loin, en son de fifre, un courlis dans les lavandes, un grelot de mules sur la route. . . Tout ce beau paysage provençal ne vit que par la lumière.

Et maintenant, comment voulez-vous que je le[3] regrette,[4] votre Paris bruyant et noir? Je suis si bien dans mon moulin! C'[5]est si bien le coin que je cherchais, un petit coin parfumé et chaud, à mille lieues des journaux, des fiacres, du brouillard![6]. . . Et que[7] de jolies choses autour de moi! Il y a à peine huit jours que je suis installé,[8] j'ai déjà la tête bourrée d'impressions et de souvenirs . . . Tenez![9] pas plus tard qu'hier soir, j'ai assisté à la rentrée des troupeaux dans un *mas* (une ferme) qui est au bas de la côte, et je vous jure que je ne donnerais pas ce spectacle pour[10] toutes les *premières*[11] que vous avez eues à Paris cette semaine. Jugez plutôt.

Il faut vous dire qu'en Provence, c'est l'usage, quand viennent les chaleurs, d'envoyer le bétail dans les Alpes.[12] Bêtes et gens passent cinq ou six mois là-haut, logés[13] à la belle étoile, dans l'herbe jusqu'au ventre; puis, au premier frisson de l'automne, on redescent au *mas*, et l'on[14] revient brouter[15] bourgeoisement[16] les petites

---

1. **Pas** 생략된 표현. il n'y avait pas 또는 on n'entendait pas의 뜻.
2. **à peine**=il y avait à peine 또는 on entendait à peine.
3. **le** 뒤에 있는 Paris를 지시해주는 대명사.
4. **regrette** 주절에 vouloir 동사가 있기 때문에 접속법.
5. **C'** 문법상의 주어이며 사실상의 수어는 le coin.
6. **le brouillard** 「(話者를 둘러싼)짙은 안개」. 엷은 안개 및 대상물로 바라볼 수 있는 안「개는 brume.
7. **que de**=combien de.
8. virgule로 대립의 개념을 나타내고 있다.
9. **Tenez!** 상대편의 주의를 촉구하기 위해서 쓰이는 말.
10. **pour** 교환의 뜻으로 쓰인 전치사.
11. ***premières*** représentations d'une pièce de theâtre nouvelle가 생략된 말.
12. **Alpes** alpe는 원래 높은 산이라는 뜻이므로 여기서는 높은 산의 목장이란 뜻.
13. **logés** bêtes et gens에 걸리는 분리된 형용사.
14. **l'on** 앞의 et와 on 사이에 모음이 겹치기 때문에 l'를 발음 편의상 넣어준 것.
15. **revient brouter** revient이 위치의 변화를 가져오는 행위를 나타내는 자동사이므로, 그 행위의 목적을 나타내는 전치사 pour를 쓰지 않고 부정법 brouter를 거느릴 수 있다.
    Ex. Venez ***me trouver*** demain.
16. **bourgeoisement**=avac une simplicité bourgeoise.

collines grises que parfume le romarin. . . Donc hier soir les troupeaux rentraient. Depuis le matin, le portail attendait, ouvert à deux battants; les bergeries étaient pleines de paille fraîche. D'heure en heure on se disait: «Maintenant ils sont à Eyguières,[1] maintenant au Paradou.[2]» Puis, tout à coup, vers le soir, un grand cri: «Les voilà![3]» et là-bas, au lointain, nous voyons le troupeau s'avancer[4] dans une gloire[5] de poussière. Toute la route semble marcher avec lui. . . Les vieux béliers viennent d'abord, la corne en avant, l'air sauvage; derrière eux le gros des moutons, les mères un peu lasses, leurs nourrissons dans les pattes;[6]—les mules à pompons rouges portant[7] dans des paniers les agnelets d'un jour qu'elles bercent en marchant; puis les chiens tout suants, avec des langues jusqu'à terre, et deux grands coquins de bergers[8] drapés dans des manteaux de cadis roux qui leur tombent sur les talons[9] comme des chapes.

Tout cela défile devant nous joyeusement et s'engouffre sous le portail, en piétinant[10] avec un bruit d'averse. . . Il faut voir quel

---

1. **Eyguières** Arles市에서 약 30 km 거리에 있는 Alpilles 산록에 있는 소읍.
2. **Paradou** Provence지방 도처에 있는 지명이며, 원래의 뜻은 축융기(縮絨機).
3. **Les voilà!** 그들이 저기 있다. 즉「그들이 왔다」의 뜻. voilà는 원래 vois là로서 동사를 포함하고 있기 때문에 인칭대명사가 앞에 온다.
4. **nous voyons le troupea~ s'avancer** voyons이 감각동사이기 때문에 그 뒤에 부정법절 le troupeau s'avancer가 직접목접보어가 되었다. le troupeau가 부정법절의 주어, s'avancer가 그 동사로서 부정법.
5. **une gloire**=une auréole.
6. **leurs nourrissons dans les pattes** 앞에 avec를 보충해서 생각해 보면 알기 쉽다.
7. **portant**=qui portent.
8. **coquins de bergers** 두개의 명사 coquins과 bergers는 전치사 de를 사이에 두고 동격으로 쓰인 것이다. coquin은 원래 악한, 망나니 등 나쁜 뜻이지만 여기서는 농담조로 친밀감을 나타내서 녀석이라는 뜻.
9. **leur tombent sur les talons** tombent sur leurs talons의 뜻이지만 절대로 그렇게 쓰지는 않는다. 佛語에서는 신체의 부위에 관해서는 소유자와 피소유물의 관계가 명백할 때 소유형용사 대신 정관사를 쓰고 소유관계를 더 분명히 하기 위해서 간접보어 인칭대명사를 앞에 쓴다.
10. **en piétinant** gérondif. 주동사로 표시되는 행동과 동시에 일어나는 다른 행동을 나타낸다.

émoi dans la maison. Du haut de leur perchoir, les gros paons[1] vert et or,[2] à[3] crête de tulle, ont reconnu les arrivants et les accueillent par un formidable coup de trompette. Le poulailler, qui s'endormait, se réveille en sursaut. Tout le monde est sur pied: pigeons, canards, dindons, pintades.[4] La basse-cour est comme folle; les poules parlent de passer la nuit!. . . On dirait que[5] chaque mouton a rapporté dans sa laine, avec un parfum d'Alpe sauvage, un peu de cet air vif des montagnes qui grise et qui fait danser.

C'est au milieu de tout ce train[6] que le troupeau gagne son gîte. Rien de charmant[7] comme cette installation. Les vieux béliers s'attendrissent en revoyant[8] leur crèche. Les agneaux, les tout petits, ceux qui sont nés[9] dans le voyage et n'ont jamais vu la ferme, regardent autour d'eux avec étonnement.

Mais le plus touchant encore, ce sont les chiens, ces braves chiens de berger, tout affairés après[10] leurs bêtes et ne voyant qu'elles dans le *mas*. Le chien de garde a beau les appeler[11] au fond de sa niche: le seau du puits, tout plein d'eau fraîche, a beau leur faire signe: ils ne veulent rien voir, rien entendre, avant que le bétail soit rentré,[12] le gros loquet poussé[13] sur la petite porte à[14] claire-voie,

---

1. **paons** 발음에 주의. [pɑ̃].
2. **or** 원래 명사인 단어가 색깔을 표시하기 위해서 형용사로 쓰이면 성·수 불변. 남성복수명사 paons에 걸렸지만 ors가 되지 않는다.
3. **à** paons의 특징을 나타내는 전치사.
4. **pigeons, canards, dindons, pintades** 명사를 열거할 때는 관사를 생략할 수 있다.
5. **On dirait que...** 「마치…같다」. 6. **train**=fracas.
7. **Rien de charmant** 주어가 생략된 문장. 앞에 il n'y a를 보충해 보면 알기 쉽다.
8. **en revoyant** revoir의 현재분사 앞에 en을 붙인 gérondif이며 시제동사 s'attendrissent와 동시에 이루어지는 다른 행동 revoir를 나타낸다.
9. **sont nés** naître의 복합과거. naître는 조동사 être를 취해서 복합시제를 만든다.
10. **affairés après...** 「…의 일로 바쁜」.
11. **a beau les appeler** 「아무리 그들을 불러도 소용이 없다」. avoir beau+infinitif=s'efforcer vainement de+infinitif.
12. **soit rentré** rentrer의 접속법 과거. avant que 뒤에서는 동사의 접속법을 쓴다. **rentrer**는 조동사 être를 취해서 복합시제를 만든다.
13. **poussé** 앞의 soit가 생략되었다.
14. **à** porte의 특징을 나타내는 전치사.

et les bergers attablés[1] dans la salle basse.[2] Alors seulement ils consentent à gagner le chenil, et là, tout en lapant[3] leur écuellée de soupe, ils racontent à leurs camarades de la ferme ce qu'ils ont fait là-haut dans la montagne, un pays noir où il y a des loups et de grandes digitales de pourpre pleines de rosée jusqu'au bord.

1. **attablés** 앞의 soient가 생략되었다.
2. **la salle basse**=la cuisine.
3. **tout en lapant** 「핥으면서」. laper의 gérondif 앞에 강조의 부사 tout가 붙은 것.

Le Secret de Maître[1] Cornille

Francet Mamaï, un vieux joueur de fifre, qui vient de temps en temps faire la veillée[2] chez moi, en buvant du vin cuit,[3] m'a raconté l'autre soir un petit drame de village dont[4] mon moulin a été témoin il y a quelque[5] vingt ans. Le récit du bonhomme[6] m'a touché, et je vais essayer de[7] vous le redire tel que[8] je l'[9]ai entendu.

Imaginez-vous pour un moment, chers lecteurs, que[10] vous êtes assis devant un pot de vin tout parfumé, et que[10] c'est un vieux joueur de fifre qui vous parle.

Notre pays, mon bon[11] monsieur, n'a pas toujours été un endroit mort et sans refrains comme il est aujourd'hui. Auparavant, il s'y faisait un grand commerce de meunerie, et, dix lieues à la ronde, les gens des *mas* nous apportaient leur blé à[12] moudre. . . Tout autour du village, les collines étaient couvertes de moulins à vent. De droite et de gauche, on ne voyait que[13] des ailes qui viraient au mistral[14] par-dessus les pins,[15] des ribambelles de petits

---

1. **Maître** 여기서는 p. 5 주 2와는 다른 용법으로서 「영감, 아저씨」의 뜻. 프로방스 지방에서 특히 나이 많은 농부나 장인(匠人)에게 붙이는 경칭.
2. **la veillée** 몇 사람이 저녁을 먹고 나서 모여 밤 늦게까지 담소하거나 또는 밤샘하는 일. 여기서는 농군이나 일꾼들이 밤일하러 모이는 일.
3. **du vin cuit** 「약간의 포도주」. du는 부분관사. vin cuit는 포도즙을 특수한 방법으로 달여서 향료를 가미하고 농축하여 만든 포도주.
4. **dont** de가 포함된 관계대명사. 선행사는 un petit drame de village. a été témoin d'un petit drame....
5. **quelque**=dans les=environ 「대략」.
6. **bonhomme** 「영감; 중늙은이」.
7. **je vais essayer de** ～ 「…해보자」. vais는 aller의 직설법 현재로서 뒤에 부정법 동사 essayer를 거느리고 최근의 미래를 나타낸다.
8. **tel que** =comme.
9. **l'**=le=le récit. tel que je l'ai entendu 「내가 그 이야기를 들은 대로」.
10. **que** 접속사. 앞의 imaginez-vous에 걸린다.
11. **bon** 여기서는 단지 애정이나 친밀감을 나타낼 뿐이며 다른 특별한 뜻은 없다.
12. **à** 목적을 나타낸다.
13. **ne**...**que**=seulement.
14. **mistral** 남불지방에서 부는 차고 건조한 동〔북〕풍.
15. **par-dessus les pins** 「소나무들 너머로」. 앞의 voyait에 걸리는 상황보어.

ânes chargés de sacs, montant[1] et dévalant[2] le long des chemins; et toute la semaine c'était plaisir d'entendre sur la hauteur le bruit des fouets, le craquement de la toile et le *Dia hue*[3]! des aides-meuniers. . . Le dimanche[4] nous allions[5] aux moulins, par bandes. Là-haut, les meuniers payaient le muscat.[6] Les meunières étaient belles comme des reines, avec leurs fichus de dentelles et leurs croix d'or. Moi, j'apportais mon fifre, et jusqu'à la noire nuit on dansait des farandoles.[7] Ces moulins-là, voyez-vous,[8] faisaient la joie et la richesse de notre pays.

Malheureusement, des Français de Paris eurent l'idée d'établir une minoterie à vapeur,[9] sur la route de Tarascon. Tout beau, tout nouveau![10] Les gens prirent l'habitude d'envoyer leurs blés aux minotiers, et les pauvres moulins à vent restèrent sans ouvrage. Pendant quelque temps ils essayèrent de lutter, mais la vapeur fut la plus forte,[11] et l'un après l'autre, *pécaïre*![12] ils furent tous obligés de fermer. . . On ne vit plus venir les petits ânes[13]. . . Les belles

---

1. **montant**=qui montaient.
2. **dévalant**=qui dévalaient=qui descendaient.
3. **Dia hue!** 당나귀를 모는 소리. dia는 당나귀를 왼쪽으로 몰 때, hue는 오른쪽으로 몰 때 지르는 소리. 「뜻.
4. **le dimanche** 요일명에는 보통 관사를 붙이지 않으나 정관사를 붙이면 「…요일마다」의
5. **allions** aller의 반과거. 여기서는 반복·습관을 나타낸다.
6. **payaient le muscat** 「사향포도주를 사주었다」. payaient는 payer의 반과거로 값을 지불했다는 뜻이므로 여기서는 「한턱냈다」의 뜻.
7. **des farandoles** 여러 사람이 손을 잡고 둥글게 둘러서서 장구소리에 맞춰 여러가지 모양을 그리고 돌면서 추는 프로방스지방의 민속무용.
8. **voyez-vous.** voir의 직설법 현재 2인칭복수 의문형. 여기서는 의문의 뜻이 아니라 다만 상대편의 주의를 촉구하기 위해서 쓴 말.
9. **minoterie à vapeur** 「증기(기관) 제분소」. à는 동력수단을 나타낸다.
10. **Tout beau, tout nouveau!** 佛蘭西의 속담으로 「무엇이든지 새 것은 다 좋다」라는 뜻.
11. **la vapeur fut la plus forte** 「증기가 더 강력했다」. la plus forte는 fort의 최상급형이지만 둘을 비교할 때도 쓴다.
12. **pécaïre** péchère라고도 하는 남불지방의 방언. 동정, 연민, 애정, 우정, 경멸 등을 표시하는 간투사.
13. **On ne vit plus venir les petits ânes** 감각동사 voir의 목적어는 venir les petits ânes라는 부정법절.

meunières vendirent leurs croix d'or. . . Plus de muscat![1] Plus de farandole!. . . Le mistral avait beau souffler,[2] les ailes restaient immobiles. . . Puis, un beau jour,[3] la commune fit jeter toutes ces masures à bas,[4] et l'on[5] sema à leur place de la[6] vigne et des oliviers.

Pourtant, au milieu de la débâcle, un moulin avait tenu bon et continuait de virer courageusement sur sa butte, à la barbe des minotiers. C'était le moulin de maître Cornille, celui-là[7] même où nous sommes en train de faire la veillée en ce moment.

*

Maître Cornille était un vieux meunier, vivant[8] depuis soixante ans dans la farine et enragé[9] pour son état.[10] L'installation des minoteries l'avait rendu[11] comme fou. Pendant huit jours, on le vit courir[12] par le village, ameutant tout le monde autour de lui et criant de toutes ses forces qu'on voulait empoisonner la Provence avec la farine des minotiers. «N'allez pas là-bas, disait-il;[13] ces brigands-là, pour faire le pain, se servent de la vapeur, qui est une invention du diable, tandis que moi je[14] travaille avec le mistral et la tramontane, qui sont la respiration du bon Dieu[15]. .» Et

---

1. **plus de muscat** 앞에 il n'y avait를 보충해 볼 것.
2. **avait beau souffler** 「아무리 불어도 소용 없었다」. avoir beau+inf. (아무리 …해야 소용 없다).
3. **un beau jour**=un certain jour.
4. **fit jeter toutes ces masures à bas** 「이 오막살이들을 모두 헐어버렸다」. fit는 faire의 복합과거로서 부정법을 거느려 사역형이 되어 「시키다」의 뜻. jeter à bas (헐다).
5. **et l'on**. et와 on의 모음이 연속되기 때문에 사이에 音便上 l'을 넣은 것.
6. **de la** 부분관사.
7. **celui-là** 지시대명사에 지시의 뜻을 강조하는 là가 덧붙은 형태.
8. **vivant** vivre의 현재분사. 여기서는 qui vivait의 뜻.
9. **enragé**=qui était enragé. un vieux meunier에 걸린다.
10. **état**=profession=métier.
11. **avait rendu** rendre의 대과거.
12. **on le vit courir** 동사 vit의 목적어는 부정법절 le... courir. le는 직접보어 대명사.
13. **disait-il** 대화 중간에 들어간 삽입절. 삽입절에서는 주어·동사가 도치된다.
14. **moi je** moi는 1인칭단수 강세형 대명사인데 moi로 강조한 경우라도 문장의 주어로서 동사를 받을 때는 je를 다시 써준다.
15. **le bon Dieu** 신은 자비심이 많다고 해서 bon을 붙여 말하고 이 때 정관사를 쓴다.

il trouvait comme cela une foule de belles paroles à la louange des moulins à vent, mais personne ne les écoutait.

Alors, de male rage,[1] le vieux s'enferma dans son moulin et vécut tout seul comme une bête farouche. Il ne voulut pas même garder près de lui sa petite-fille Vivette, une enfant[2] de quinze ans, qui, depuis la mort de ses parents, n'avait plus que son *grand* [3] au monde. La pauvre petite fut obligée de gagner sa vie et de se louer[4] un peu partout dans les *mas*, pour la moisson, les magnans ou les olivades.[5] Et pourtant son grand-père avait l'air de bien l'aimer, cette enfant-là. Il lui arrivait souvent de[6] faire ses[7] quatre lieues à pied par[8] le grand soleil pour aller la voir[9] au *mas* où elle travaillait, et quand il était près d'elle, il passait des heures entières à la regarder en pleurant. . .

Dans le pays on pensait que le vieux meunier, en renvoyant[10] Vivette, avait agi[11] par[12] avarice; et cela ne lui faisait pas honneur[13]

---

1. **de male rage** 「분개해서」. male 은 mauvaise 나 méchante 의 뜻의 형용사. 고어적인 용법. 여성으로 쓰일 때는 mourir de male mort, male honte, male faim 등의 표현에 쓰인다. 「한다.
2. **une enfant** enfant 이란 명사는 남·여성의 형태가 같기 때문에 관사나 형용사로 구별
3. **grand**=grand-père. 프로방스지방 방언.
4. **se louer** 「고용되다」. 재귀적 대명동사.
5. **pour la moisson, les magnans ou les olivades** 전치사 pour 는 반복하지 않는다. 그러나 특히 의미를 강조하거나 반대의 의미의 보어를 이끌 때는 반복해야 한다.
6. **il lui arrivait souvent de...** 「…하는 일이 가끔 있었다」. il 은 비인칭의 대명사이며 arrivait 는 arriver 의 반과거. 비인칭으로 사용되어 일이 일어났다는 뜻.
7. **ses** 습관적인 행위를 표시하는 소유형용사로서 여기서는 늘 다니는 40리길을 걸어간다는 뜻.
8. **par** 일기, 기상조건 따위를 나타내는 전치사.
9. **aller la voir** 「그 애를 만나러 가다」. aller 는 전치사 pour 의 도움 없이 직접 부정법 동사에 연결된다. la=Vivette.
10. **en renvoyant** 「쫓아 낸 것은, 내보낸 것은」. en renvoyant 은 renvoyer 의 gérondif 인데 여기서는 이유를 나타낸다. gérondif 는 시간 이외에 이유, 원인, 결과, 수단, 방법 등을 나타낸다.
11. **avait agi** 「그렇게 행동했다」. agir 의 대과거로서 사람들이 생각하던 과거의 어떤 시점에서 보아서 그 이전에 완료된 사실을 표시한다.
12 **par** 여기서 원인을 나타낸다.
13. **cela ne lui faisait pas honneur** 「그에게 명예스러운 일은 아니었다」. cela 는 문법상 주어. 내용상 주어는 de laisser....

de laisser sa petite-fille ainsi traîner d'une ferme à l'autre, exposée[1] aux brutalités des *vaïles*,[2] et à toutes les misères des jeunesses[3] en condition.[4] On trouvait très mal aussi qu'un homme du renom de maître Cornille, et qui, jusque-là,[5] s'était respecté,[6] s'en allât[7] maintenant par les rues comme un vrai bohémien, pieds nus,[8] le bonnet troué, la taillole en lambeaux. . . Le fait est que le dimanche,[9] lorsque nous le voyions[10] entrer à la messe, nous avions[10] honte pour lui, nous autres les vieux;[11] et Cornille le[12] sentait si bien qu'il n'osait plus venir s'asseoir sur le banc d'œuvre.[13] Toujours il restait au fond de l'église,[14] près du bénitier, avec les pauvres.

Dans la vie de maître Cornille il y avait quelque chose qui n'était pas clair. Depuis longtemps personne, au village, ne lui portait plus de blé, et pourtant les ailes de son moulin allaient toujours leur train[15] comme devant. . . Le soir, on rencontrait par[16] les

---

1. **exposée** exposer의 과거분사 여성 단수. sa petite-fille에 걸린다.
2. **vaïle** valet, serviteur, garçon de ferme 등의 뜻의 Limousin 지방 방언. 여기서는 프로방스지방 방언을 써야 하니까 人夫長의 뜻을 가진 프로방스 방언 baïle을 쓰는 것이 옳을 것이다.
3. **jeunesse** jeune fille라는 말의 구어.
4. **en condition** 「고용살이 하는」.
5. **jusque-là** 「그 때까지」. là는 일반적으로 장소를 나타내지만 시간에도 쓰인다.
6. **s'était respecté** 「체면을 차렸었다」. se respecter의 대과거.
7. **s'en allât** s'en aller의 접속법 반과거. 앞에 on trouvait que가 있어서 접속법이 사용되었다.
8. **pieds nus** 맨발로. 양태의 상황보어인데, 앞에 ayant이나 avec가 생략된 것이라고 생각하면 알기 쉽다. le bonnet troué와 la taillole en lambeaux도 마찬가지.
9. **le dimanche** 「일요일마다」. 요일명에 정관사가 붙으면 「…마다」의 뜻.
10. **voyions** 습관의 반과거.
11. **nous autres les vieux** 「우리들 늙은이들」. nous autres는 다른 사람들과의 구별을 강조하는 표현.
12. **le** 「그것」 즉 nous avions honte pour lui (우리들 늙은이들이 창피하다)는 것을 받는 중성 대명사. 「특별석.
13. **le banc d'œuvre** 교회재산 관리위원 및 교구재산 관리위원들을 위해 교회 안에 마련한
14. **au fond de l'église** fond은 「안, 끝」 따위 뜻인데 여기서는 제단을 중심으로 해서 제단에서 보아 끝 쪽, 즉 출입구 근처.
15. **allait toujours leur train** 「여전히 순조롭게 돌고 있었다」.
16 **par** 공간의 넓이를 나타내는 전치사. par les chemins 하면 「이길 저 길에서」란 뜻.

chemins le vieux meunier poussant[1] devant lui son âne chargé de gros sacs de farine.

«Bonnes vêpres,[2] maître Cornille! lui criaient les paysans; ça va donc toujours,[3] la meunerie?

—Toujours, mes enfants, répondait le vieux d'un air gaillard. Dieu merci,[4] ce n'est pas l'ouvrage qui nous manque.[5]»

Alors, si on lui demandait d'où[6] diable[7] pouvait venir tant d'ouvrage, il se mettait un doigt sur les lèvres et répondait gravement: «*Motus!*[8] je travaille pour l'exportation. . .» Jamais on n'en[9] put tirer davantage.

Quant à mettre le nez dans[10] son moulin, il n'y[11] fallait pas songer. La petite Vivette elle-même n'y entrait pas. . .

Lorsqu'on passait devant, on voyait la porte toujours fermée, les grosses ailes toujours en mouvement, le vieil âne broutant[12] le gazon de la plate-forme, et un grand chat maigre qui prenait le soleil sur le rebord de la fenêtre et vous[13] regardait d'un air méchant.

Tout cela sentait le mystère et faisait beaucoup jaser le monde.[14]

---

1. **poussant** pousser의 현재분사. qui poussait의 뜻.
2. **Bonnes vêpres** 프로방스 말에서 bonsoir하는 저녁인사로 쓰이는 말.
3. **ça va donc toujours...?** 「그래 일은 여전히 잘 되시나요?」 ça는 cela의 구어 표현. 일이 잘 되거나 건강하게 잘 있다는 뜻으로 cela va라고 한다.
4. **Dieu merci**=grâce à Dieu.
5. **manque** manquer의 접속법 현재. 부정형의 주절에 걸려 있는 관계대명사 종속절에서는 접속법을 쓴다.
6. **d'où** 「어디에서」. 여기서는 간접의문 종속절을 유도한다.
7. **diable** 「도대체」. 놀라움을 표시하는 간투사.
8. **motus** 구어 표현으로 silence là-dessu의 뜻. 「조용히! 쉿!」
9. **en**=de cela.
10. **mettre le nez dans...** 「…에 참견하다」. 여기서는 「…에 들어가다」의 뜻.
11. **y**=**à** cela. il n'y fallait pas songer=il ne fallait pas sogner **à** mettre le nez dans son moulin.
12. **broutant**=qui broutait.
13. **vous** 부정대명사 on의 보어. on을 주어로 하는 일반적 서술에서는 on의 목적보어가 없으니까 on의 보어로서 nous나 vous를 대신 쓴다. 「역형.
14. **faisait beaucoup jaser le monde** 「사람들의 화제에 많이 올랐다」. faisait jaser는 사

Chacun expliquait à sa façon le secret de maître Cornille, mais le bruit général était qu'il[1] y avait dans ce moulin-là encore plus de sacs d'écus que[2] de sacs de farine.

A la longue pourtant tout se découvrit;[3] voici[4] comment:

En faisant danser la jeunesse avec mon fifre, je m'aperçus un beau jour[5] que[6] l'aîné de mes garçons et la petite Vivette s'étaient rendus amoureux[7] l'un de l'autre.[8] Au fond je n'en fus pas fâché,[9] parce qu'après tout[10] le nom de Cornille était en honneur chez nous, et puis ce joli petit passereau de Vivette[11] m'aurait fait plaisir[12] à voir trotter dans ma maison. Seulement, comme nos[13] amoureux avaient souvent occasion d'être ensemble, je voulus, de peur d'accidents, régler l'affaire tout de suite, et je montai jusqu'au moulin pour en toucher deux mots[14] au grand-père. . . Ah! le vieux sorcier! il faut voir de quelle manière il me reçut![15] Impos-

---

1. **qu'**=que 접속사. qu' 이하가 주어 le bruit général 의 속사. bruit 는 소문이란 뜻.
2. **que** 앞에 있는 plus 와 함께 plus ~ que 의 비교표현을 이룬다.
3. **se découvrit** se découvrir 의 단순과거. 「탄로났다」의 뜻. 수동적 대명동사.
4. **voici** 「다음과 같다」. 앞으로 말하려는 것을 지시하는데 쓰인다.
5. **un beau jour**=un certain jour 「어느 날」.
6. **que** 시간을 나타내는 연결사로 쓰인 접속사로서 où 의 뜻. 확정되어 있는 시간에 대해서는 대개 où 를 쓴다. *Ex.* Un jour *que* je me promenais à travers bois. Le jour *où* je vous ai rencontré à la gare.
7. **s'étaient rendus amoureux** 「사랑하는 사이가 되어 있었다」. 동사는 대과거. 단순과거로 표현된 「보았다」는 과거의 시점에서 이미 그들은 그 이전에 사랑하는 사이가 되어 있었기 때문에 대과거가 사용되었다.
8. **l'un de l'autre** 「서로서로」. 목적보어인 se 의 동격으로 쓰인 대명사인데 amoureux 와 관련되므로 amoureux 에 붙는 전치사 de 를 중개로 해서 구성되었다.
9. **je n'en fus pas fâché** en 은 de cela 의 뜻이며 fâché 에 연결되는 것. fus fâché 는 fâcher 의 수동형 단순과거.
10. **après tout** 「결국, 요컨대」. 「는 동격.
11. **ce joli petit passereau de Vivette** 「이 예쁜 참새 같은 Vivette」. passereau 와 Vivette
12. **m'aurait fait plaisir** 「나를 기쁘게 했을 것이다」. aurait fait 는 faire 의 조건법과거.
13. **nos** 친밀감, 애정 등을 나타내는 소유형용사. 이야기 속의 인물, 주인공 따위에 쓴다.
14. **en toucher deux mots** 「그 일에 관해서 한두마디 말하다」. deux 는 정확하게 둘이라는 수가 아니고 극히 적다는 뜻.
15. **il faut voir de quelle manière il me reçut** 「어떻게 그가 나를 맞아 들였는지 알아야 한다. 참으로 지독한 영접이었다」는 뜻.

sible[1] de lui faire ouvrir sa porte. Je lui expliquai mes raisons tant bien que mal, à travers le trou de la serrure; et tout le temps que[2] je parlais, il y avait ce coquin de chat[3] maigre qui soufflait comme un diable au-dessus de ma tête.

Le vieux ne me donna pas le temps de finir, et me cria fort malhonnêtement de retourner à ma flûte;[4] que,[5] si j'étais pressé de marier mon garçon, je pouvais bien aller chercher des filles à la minoterie. . . Pensez que le sang me montait[6] d'[7]entendre ces mauvaises paroles; mais j'eus tout de même assez de sagesse pour[8] me contenir, et, laissant ce vieux fou à sa meule, je revins annoncer aux enfants ma déconvenue. . . Ces pauvres agneaux[9] ne pouvaient pas y croire; ils me demandèrent comme une grâce[10] de monter tous deux ensemble au moulin, pour parler au grand-père. . . Je n'eus pas le courage de refuser, et prrt![11] voilà mes amoureux partis.[12]

Tout juste comme[13] ils arrivaient là-haut, maître Cornille venait de sortir.[14] La porte était fermée à double tour; mais le vieux bonhomme,[15] en partant,[16] avait laissé son échelle dehors, et tout

1. **impossible** 앞에 il est가 생략된 표현.　　2. **que**=dans lequel.
3. **ce coquin de chat** 「그 고양이란 놈」. 여기서 coquin은 별 뜻이 없고 전치사 de가 coquin과 chat를 동격으로 이어준다.
4. **me cria... de retourner à ma flûte** 「내 플루트로 돌아가라고 나에게 소리를 질렀다」. 즉 플루트 부는 사람이니 「잔소리 말고 돌아가서 플루트나 불라고 소리질렀다」.
5. **que** 앞의 me cria에 걸리는 접속사.
6. **le sang me montait** 「화가 치밀어 올랐다」.
7. **d'entendre** 「듣고서」. de는 이유, 원인을 나타내는 전치사.
8. **assez... pour** ~ 「…하기에 충분한」.
9. **ces pauvres agneaux** 「이 가엾은 순진한 사람들」. agneau는 어린 양이므로 순진한 것「을 상징.
10. **demander comme une grâce**=demander en grâce 「간절히 부탁하다」.
11. **prrrt!** 빠른 동작을 나타낸 의태어.
12. **voilà mes amoureux partis** 「그래서 두 애인은 떠났다」는 뜻. mes는 이야기 속의 등장인물에 붙이는 친밀감을 나타내는 소유형용사.
13. **tout juste comme** 「바로 그때」.
14. **venait de sortir** 「막 나온 길이었다」. 「venir+부정법」 가까운 과거의 일을 표현.
15. **le vieux bonhomme** 「노인」. bonomme만으로도 「중늙은이」의 뜻.
16. **en partant** partir의 gérondif. 「떠나가면서, 떠나갈 때에」의 뜻.

de suite l'idée vint aux enfants d'entrer[1] par la fenêtre, voir[2] un peu ce qu'il y avait dans ce fameux moulin[3]. . .

Chose singulière! la chambre de la meule était vide. . . Pas[4] un sac, pas[4] un grain de blé; pas[4] la moindre farine aux murs ni sur les toiles d'araignée. . . On ne sentait pas même cette bonne odeur chaude de froment écrasé qui embaume dans les moulins. . . L'arbre de couche était couvert de poussière, et le grand chat[5] maigre dormait dessus.

La pièce du bas avait le même air de misère et d'abandon: un mauvais[6] lit, quelques guenilles, un morceau de pain sur une marche d'escalier, et puis dans un coin trois ou quatre sacs crevés d'où coulaient des[7] gravats et de la[8] terre blanche.

C'était là le secret de maître Cornille! C'était ce plâtras qu'il promenait[9] le soir par[10] les routes, pour sauver l'honneur du moulin et faire croire qu'on y faisait de la[11] farine. . . Pauvre moulin! Pauvre Cornille! Depuis longtemps les minotiers leur[12] avaient enlevé leur dernière pratique.[13] Les ailes viraient toujours, mais la meule tournait à vide.

---

1. **l'idée vint...d'entrer** 「들어가겠다는 생각이 떠올랐다」.
2. **voir** entrer에 걸려서 「들어가 보다」라는 뜻.
3. **ce qu'il y avait dans ce fameux moulin** 「그 화제에 오른 풍차방아간 속에 무엇이 있는지」. ce qu'il y avait는 Qu'est-ce qu'il y a?의 간접의문 형식. fameux는 명사 앞에 와서 「화제에 오른, 문제의」 따위 뜻이 된다.
4. **pas** il n'y avait pas의 생략형.
5. **le grand chat** 「그 큰 고양이」. 앞에서 한 번 언급된 고양이이므로 지시해 주는 정관사를 썼다.
6. **mauvais** 「더러운, 누추한」.
7. **des** 부분관사 복수. 「약간의」란 뜻.
8. **de la** 부분관사.
9. **promenait** 타동사로서 「끌고 다녔다」라는 뜻.
10. **par** 공간의 관계를 나타내는 전치사인데, 여기서는 편력의 뜻을 나타내서 par les routes 라고 하면 「이 길 저 길로」의 뜻.
11. **de la** 부분관사.
12. **leur** 간접보어 대명사. 「그들에게서」의 뜻. enlever 동사는 enlever qch à qn (…에게서 …을 빼앗다)로 쓴다.
13. **pratique**=client, clientèle. 「고객」.

Les enfants revinrent tout en larmes, me conter[1] ce qu'ils avaient vu.[2] J'eus le cœur crevé de les entendre[3]. . . Sans perdre une minute, je courus chez les voisins, je leur dis la chose en deux mots,[4] et nous convînmes qu'il fallait, sur l'heure, porter au moulin de Cornille tout ce qu'il y avait de froment[5] dans les maisons. . . Sitôt dit, sitôt fait.[6] Tout le village se met en route,[7] et nous arrivons là-haut avec une procession d'ânes chargés de blé[8]—, du vrai blé,[9] celui-là!

Le moulin était grand ouvert. . . Devant la porte, maître Cornille, assis sur un sac de plâtre, pleurait, la tête dans ses mains.[10] Il venait de s'apercevoir, en rentrant, que pendant son absence on avait pénétré chez lui et surpris[11] son triste secret.

«Pauvre de moi![12] disait-il. Maintenant, je n'ai plus qu'à mourir[13]. . . Le moulin est déshonoré.»

---

1. **me conter** 앞의 revinrent에 걸려서 「나에게 이야기하러 돌아왔다」는 뜻.
2. **ce qu'ils avaient vu** 「그들이 무엇을 보았는지」. Qu'est-ce qu'ils avaient vu의 간접 의문형식.
3. **J'eus le cœur crevé de les entendre** 「그들의 말을 듣고 나는 가슴이 메어지는 듯했다」. eus는 avoir의 단순과거. 「뜻으로 쓰인 것이 아니다.
4. **en deux mots** 「짤막하게, 몇마디로」. deux는 극히 적다는 뜻이며 정확하게 둘이라는
5. **tout ce qu'il y avait de froment** 「있는 밀가루 전부」.
6. **sitôt dit, sitôt fait** 「말이 떨어지자마자 즉각 실행되었다」. sitôt는 「곧」이란 뜻의 부사. dit는 dire의 과거분사. fait는 faire의 과거분사.
7. **se met en route** 「떠났다」. 동사는 현재로 사용되었는데 앞의 문장에서는 과거를 써 오다가 갑자기 현재를 씀으로써 독자에게 마치 지금 눈 앞에서 일어나고 있는 일을 보는듯한 착각을 일으키게 하기 위한 수사적 용법이며, 이것을 이야기의 현재 또는 역사적 현재라고 부른다.
8. **chargés de blé** 「밀을 실은」. chargés는 charger의 과거분사가 형용사로 쓰인 것이며, 이러한 형용사 뒤에서는 부분관사를 쓰지 않고 de를 쓴다.
9. **du vrai blé** 「진짜 밀」. 「형용사+명사」 앞에 오는 부분관사는 de로 대체되는데 구어에서는 이런 규칙이 무시되어 항상 부분관사가 쓰인다. 문어에서라면 de vrai blé.
10. **la tête dans ses mains** 「양손으로 머리를 싸고」. 양태의 상황보어.
11. **surpris** surprendre의 과거분사. 앞의 avait와 함께 대과거를 이루어 여기서는 avait pénétré et surpris로 연속된 대과거가 il venait de s'apercevoir 보다 먼저 일어난 사실임을 나타낸다.
12. **pauvre de moi**=malheureux que je suis. 전치사 de는 동격의 de로서 pauvre와 moi를 동격으로 만들어 주어서 「나라는 가엾은 사람」이란 구조를 만든다.
13. **je n'ai plus qu'à mourir** 「이제는 죽을 수 밖에 없다」. *cf.* ne ~ plus (이제는…밖에 없다)와 ne ~ que (…밖에 없다).

Et il sanglotait à fendre l'âme,[1] appelant son moulin par toutes sortes de noms, lui parlant comme à une personne véritable.

A ce moment les ânes arrivent sur la plate-forme, et nous nous mettons tous à crier[2] bien fort comme au beau temps des meuniers: «Ohé! du moulin!. . . Ohé! maître Cornille!»

Et[3] voilà les sacs qui s'entassent devant la porte et le beau grain roux qui se répand par terre, de tous côtés. . .

Maître Cornille ouvrait de grands yeux.[4] Il avait pris du blé dans le creux de sa vieille main et il disait, riant[5] et pleurant[5] à la fois:

«C'est du blé!. . . Seigneur Dieu!. . . Du bon blé! Laissez-moi que[6] je le[7] regarde.[8]»

Puis se tournant vers nous:

«Ah! je savais bien que vous me reviendriez. . .[9] Tous ces minotiers sont des voleurs.»

Nous voulions l'emporter en triomphe[10] au village:

«Non, non, mes enfants; il faut avant tout que j'aille[11] donner à manger à mon moulin. . . Pensez donc! il y a si longtemps qu'[12]il

---

1. **à fendre l'âme** 「가슴이 터질듯이」. à는 정도를 나타내는 전치사.
2. **nous mettons......à crier** 「우리는 소리치기 시작했다」. 「se mettre à+부정법」(…하기 시작하다). 현재를 쓴 것은 과거의 광경을 지금 독자의 눈 앞에 생생하게 그려주기 위한 것.
3. **Et** 여기 문두에 나와 있는 et는 앞 문장과의 연결보다는 오히려 그것이 유도하는 문장을 강조한다. *Ex.* Et les mille francs que je vous ai prêtés? (그런데 꾸어드린 천프랑은요?)
4. **de grands yeux** 「형용사+명사」 앞에서는 des가 de로 변한다.
5. **riant et pleurant à la fois** 「동시에 웃고 울면서」. riant은 rire의 현재분사. pleurant은 pleurer의 현재분사. 여기서는 주절의 행위와 동사의 행위를 표현하며 gérondif와 같은 용법으로 쓰이고 있다.
6. **que**=afin que; pour que.
7. **le** du bon blé를 받는 대명사이므로 en을 쓰는 것이 옳으나 여기서는 구어이기 때문에 en으로 대신하지 않고 le를 쓴 듯.
8. **regarde** regarder의 접속법현재. afin que, pour que의 대용을 하는 que 뒤에서는 접속법을 쓰며 이런 구문은 명령적인 구문 뒤에 쓰인다.
9. **reviendriez** revenir의 조건법 현재형으로서 여기서는 과거미래. 주절이 과거일 때 거기에 걸리는 종속절에서는 미래를 표현할 때 조건법현재 변화형을 대용한다.
10. **emporter en triomphe** 「떠 받들어 데리고 가다. 칭찬하면서 여럿 사람이 메고 가다」.
11. **j'aille** aller의 접속법 현재. il faut que 다음에는 접속법.
12. **il y a si longtemps que...** 「…한지 퍽 오래되었다」.

ne s'est rien mis sous la dent!»

Et nous avions tous[1] des larmes dans les yeux de voir le pauvre vieux se démener[2] de droite et de gauche, éventrant[3] les sacs, surveillant[3] la meule, tandis que le grain s'écrasait et que[4] la fine poussière de froment s'envolait au plafond.

C'est une justice à nous rendre[5]: à partir de ce jour-là, jamais nous ne laissâmes le vieux meunier manquer d'ouvrage. Puis, un matin, maître Cornille mourut, et les ailes de notre dernier moulin cessèrent de virer, pour toujours[6] cette fois. . . Cornille mort,[7] personne ne prit sa suite. Que voulez-vous,[8] monsieur!. . . tout a une fin en ce monde, et il faut croire que le temps des moulins à vent était passé[9] comme celui des coches sur le Rhône,[10] des parlements[11] et des jaquettes à[12] grandes fluers.

---

1. **tous** nous의 동격으로 걸린 부정대명사. tous는 대명사일 때는 [tus]로 s 발음을 한다.
2. **voir le pauvre vieux se démener** voir는 감각동사이며 그 목적보어는 le pauvre vieux se démener라는 부정법절. le pauvre vieux가 부정법절의 주어. se démener가 그 동사로서 부정법.
3. **éventrant..., surveillant,** 각각 éventrer, surveiller의 현재분사. se démener라는 행위와 동시에 이루어지는 행위를 나타낸다.
4. **que**=tandis que「…하는 동안에」.
5. **c'est une justice à nous rendre**「이것은 우리가 자랑해도 좋다」. rendre une justice à qn「…의 잘한 일을 인정하다」.
6. **pour toujours**=à jamais「영원히」.
7. **Cornille mort**「Cornille가 죽고 나서」. mourir의 과거분사 mort는 주절의 주어 personne와는 다른 주어 Cornille를 갖고 일종의 독립된 생략절 (여기서는 앞에 étant이 생략)을 이루어 이것을 독립분사절이라고 하며 시간을 나타낸다.
8. **que voulez-vous** 당신은 무엇을 원하십니까→어떻게 하라는 말입니까→어떻게 하라고 해도 별 수 없읍니다→「할 수 없지요」.
9. **était passé** passer의 직설법 대과거. 조동사는 être. que로 시작되는 절은 il faut에 걸리는 것이 아니라 croire에 걸리기 때문에 était passé는 접속법이 되지 않고 직설법이 되었다.
10. **coches sur le Rhône**「Rhône 강의 승합선」. 예선도(曳船道)에서 한 두필의 말이 끌어서 가던 일종의 승합선.
11. **parlements**「지방의 최고 법원」. Aix에도 최고법원이 하나 있었다.
12. **à** 특징을 나타내는 전치사.

La Chèvre de M. Seguin

A. M.[1] *Pierre Gringoire,*[2] *poète lyrique à Paris.*

Tu seras bien toujours le même, mon pauvre Gringoire!

Comment! on t'offre une place de chroniqueur[3] dans un bon journal de Paris, et tu as l'aplomb de refuser. . . Mais regarde-toi, malheureux garçon! Regarde ce pourpoint troué, ces chausses[4] en déroute,[5] cette face maigre qui crie la faim. Voilà pourtant où t'a conduit la passion des belles rimes![6] Voilà ce que t'ont valu dix ans[7] de loyaux services dans les pages du sire Apollo[8]. . . Est-ce que tu n'as pas honte, à la fin?

Fais-toi donc chroniqueur,[9] imbécile! fais-toi chroniqueur! Tu gagneras de beaux écus à la rose,[10] tu auras ton couvert[11] chez Brébant,[12] et tu pourras te montrer les jours de première[13] avec

---

1. **M.** Monsieur 의 약자.
2. **Pierre Gringoire** 불란서의 극시인(1475~1538). Victor Hugo 가 《Notre-Dame de Paris》에서 가난한 문인의 전형으로 썼으며 Théodore de Banville 가 희곡화하기도 했다.
3. **chroniqueur** 신문기자라는 뜻이지만 中世의 연대기작자, 編年史家라는 뜻도 있어서 Daudet 는 양쪽 의미로 동시에 쓰고 있다.
4. **chausses**=culottes.
5. **en déroute** déroute 는 원래 「궤주; 패주」의 뜻이지만 여기서는 「갈기갈기 찢어진」의 뜻.
6. **Voilà pourtant où t'a conduit la passion de belles rimes** 「그러나 시에 대한 정렬이 자네를 인도한 것이 그 곳이다」. où 는 장소를 가리키는 관세내명사. t'=te. a conduit 의 주어는 la passion des belles rimes. belles rimes 는 시.
7. **Voilà ce que t'ont valu dix ans...** 「…의 10년이 자네에게 가져다 준 것이 그것이다」. ont valu=ont rapporté. dix ans 이하가 ont valu의 주어.
8. **les pages du sire Apollo** 「아폴로 님의 시동들 즉 시인들」. pages 는 성에 따라서 뜻이 달라지는 명사인데 여성일 때는 페이지, 남성일 때는 시동.
9. **Fais-toi donc chroniqueur** Fais-toi 는 se faire... (…이 되다)의 명령법. Fais-toi 의 속사로 쓰인 명사 chroniqueur 는 직업·신분을 나타내고 있기 때문에 관사를 붙이지 않는다.
10. **de beaux écus à la rose** 장미 무늬를 찍은 아름다운 은화. de 는 원래 des였으나 명사 écus 바로 앞에 형용사가 왔기 때문에 변형된 것.
11. **couvert** 한 사람분의 식기. avoir son couvert 하면 「단골손님이 되는 것」.
12. **chez Brébant** 「Brébant 네 요리점」. 파리 중심가에 있던 19세기의 유명한 음식점.
13. **première**=première représentation.

une plume neuve à ta barrette[1]. . .

Non? Tu ne veux pas? Tu prétends rester libre à ta guise jusqu'au bout. . . Eh bien, écoute un peu l'histoire de la *chèvre de M. Seguin*. Tu verras ce que l'on gagne à vouloir vivre libre.

M. Seguin n'avait jamais eu de[2] bonheur avec ses chèvres.

Il les perdait toutes[3] de la même façon; un beau matin,[4] elles cassaient leur corde, s'en allaient dans la montagne, et là-haut le loup les mangeait. Ni les caresses de leur maître, ni la peur du loup, rien ne[5] les retenait. C'était,[6] paraît-il,[7] des chèvres indépendantes, voulant[8] à tout prix le grand air et la liberté.

Le brave[9] M. Seguin, qui ne comprenait rien au caractère de ses bêtes, était consterné. Il disait:

«C'est fini; les chèvres s'ennuient chez moi; je n'en[10] garderai pas une.»

Cependant il ne se découragea pas, et, après avoir perdu[11] six chèvres de la même manière, il en acheta une septième;[12] seulement, cette fois, il eut soin de la prendre toute jeune,[13] pour

1. **barrette**=petit bonnet plat.
2. **de** 부정문에서 부정의 대상이 되는 명사목적어를 동반하는 부정관사와 부분관사는 모두 de 가 된다. *cf.* avoir du bonheur (운이 좋다).
3. **Il les perdait toutes**=Il perdait toutes ses chèvres.
4. **un beau matin**「어느 날 아침」. beau에는 별 특별한 뜻이 없다.
5. **rien ne...** 「아무 것도 …없다」. pas는 생략된다.
6. **c'était** 속사는 des chèvres라는 복수명사이기 때문에 c'étaient가 되어야겠으나 구어나 속어에서는 이렇게 쓸 때도 있다.
7. **paraît-il** paraître가 비인칭동사로 쓰인 것. 삽입절이므로 주어·동사가 도치되었다.
8. **voulant**=qui voulaient.
9. **brave** 명사 앞에 쓰이면 「착한, 정직한, 친절한」의 뜻이며 특히 사람에 관한 경우에는 친밀감을 표시하기 위해 쓰인다.
10. **en**=de cela. une의 보어. je n'en garderai pas une=je ne garderai pas une seule 「chèvre.
11. **apès avoir perdu** 「잃고 나서」. avoir perdu는 부정법 과거이며 주동사 acheta 보다 이전에 완료된 동작의 양태를 가리킨다. après 다음에는 보통 부정법 과거가 온다.
12. **il en acheta une septième**=il acheta une septième chèvre.
13. **la...toute jeune**=une toute jeune chèvre. toute는 부사 tout의 여성형. 부사는 불변어이지만 tout는 예외여서 뒤에 오는 형용사가 여성일 때는 그 성·수를 따라 형용사처럼 변화한다.

qu'elle s'habituât[1] mieux à demeurer chez lui.

Ah! Gringoire, qu'elle était jolie la petite chèvre de M. Seguin! qu'elle était jolie avec ses yeux doux, sa barbiche de sous-officier, ses sabots noirs et luisants, ses cornes zébrées et ses longs poils blancs qui lui[2] faisaient une houppelande! C'était presque aussi charmant que le cabri d'Esméralda,[3] tu te rappelles, Gringoire?[4]— et puis, docile, caressante, se laissant traire[5] sans bouger, sans mettre son pied dans l'écuelle. Un amour de petite chèvre[6]. . .

M. Seguin avait derrière sa maison un clos entouré d'aubépines. C'est là qu'il mit la nouvelle pensionnaire. Il l'attacha à un pieu, au plus bel endroit du pré, en ayant soin de[7] lui laisser beaucoup de corde, et de temps en temps il venait voir si elle était bien.[8] La chèvre se trouvait très heureuse et broutait l'herbe de si bon cœur[9] que M. Seguin était ravi.

«Enfin, pensait le pauvre homme, en voilà une[10] qui ne s'ennuiera[11] pas chez moi!»

M. Seguin se trompait, sa chèvre s'ennuya.

---

1. **s'habituât** s'habituer의 접속법 반과거. 접속사구 pour que... 뒤에 오는 동사는 접속법으로 쓴다.
2. **lui** 「암염소에게」.
3. **Esméralda** Victor Hugo의 소설 《Notre-Dame de Paris》의 여주인공으로 등장하는 집시여자. 항상 어린 염소를 데리고 다니는데 그 염소의 발은 황금빛으로 칠한 것이었다
4. **Gringoire** Victor Hugo의 소설에서는 Esméralda가 Gringoire에게 결혼을 신청해서 그 생명을 구한다.
5. **se laissant traire**=qui se laissait traire.
6. **un amour de petite chèvre** 「사랑스러운 암염소」. amour와 chèvre는 동격이며 de는 아무런 의미도 갖지 않는다.
7. **en ayant soin de** avoir soin de의 gérondif.
8. **si elle était bien** 간접의문 종속절이며, 주절의 동사가 과거로 되어 있기 때문에 과거에 있어서의 현재를 나타내는 시제인 반과거를 써서 était이다. 번역할 때는 물론 현재로 한다.
9. **de bon cœur** 「기꺼이」.
10. **en voilà une**=voilà une chèvre.
11. **s'ennuiera** 현재 사실에 대한 추측으로 쓰인 단순미래.

Un jour, elle se dit[1] en regardant la montagne: «Comme[2] on doit[3] être bien là-haut! Quel plaisir de gambader dans la bruyère, sans cette maudite longe qui vous[4] écorche le cou!. .. C'est bon pour l'âne ou pour le bœuf de brouter dans un clos!. . . Les chèvres, il leur faut du large.[5]»

A partir de ce moment, l'herbe du clos lui parut fade. L'ennui lui vint. Elle maigrit, son lait se fit rare. C'était pitié de la voir tirer[6] tout le jour sur[7] sa longe, la tête tournée[8] du côté de[9] la montagne, la narine ouverte, en faisant *Mé!. . .* tristement.

M. Seguin s'apercevait bien que sa chèvre avait quelque chose,[10] mais il ne savait pas ce que c'était[11]. . . Un matin, comme[12] il achevait de la traire, la chèvre se retourna et lui dit dans son patois:

«Ecoutez, monsieur Seguin, je me languis[13] chez vous, laissez-moi aller dans la montagne.

—Ah! mon Dieu!. . . Elle aussi!» cria M. Seguin stupéfait, et du coup il laissa tomber[14] son écuelle; puis, s'asseyant dans l'herbe à côté de sa chèvre:

«Comment, Blanquette, tu veux me quitter!»

---

1. **se dit** se dire의 단순과거. 현재와 형태가 같으니까 앞 뒤 관계로 미루어 보아야 한다.
2. **Comme**=comment 「얼마나」.
3. **doit** devoir의 현재·직설법. 추정의 뜻을 가져서 「아마도 …일 것이다, …임이 틀림 없다」.
4. **vous** 여기서는 2인칭의 보어대명사가 아니라 datif éthique d'intérêt 즉 관심의 여격 또는 pronom explétif (허용대명사)라고 불리는 것으로서 écorcher라는 동작이 정말로 vous에 작용하는 것이 아니라 독자의 관심을 끌기 위해서 쓴 것이다.
5. **du large** 「넓은 장소」. du는 부분관사.
6. **la voir tirer** voir가 감각동사인데 거기에 부정법절 la tirer가 걸려 있다. tirer의 주어는 la이며 la tirer 가 voir의 목적이 된다.
7. **tirer sur...** 「…을 힘주어 당기다」.
8. **la tête tournée** 양태의 상황보어. 앞에 ayant을 보충해서 생각하면 알기 쉽다.
9. **du côté de...** 「…쪽으로」.
10. **avait quelque chose** 「심상치 않다」.
11. **ce que c'était** 「그 것이 무엇인지」라는 의미의 간접의문 종속절.
12. **comme**=lorsque.
13. **je me languis**=je m'ennuie. 원래 se languir라는 동사는 없으므로 je languis가 옳을 것이다.
14. **il laissa tomber** 「떨어뜨렸다」. laisser는 의지를 작용시키지 않고 방임할 때 쓴다.

Et Blanquette répondit:

«Oui, monsieur Seguin.

—Est-ce que l'herbe te manque ici?

—Oh! non![1] monsieur Seguin.

—Tu es peut-être attachée de trop court,[2] veux-tu que j'allonge[3] la corde?

—Ce n'est pas la peine, monsieur Seguin.

—Alors, qu'est-ce qu'il te faut?[4] qu'est-ce que tu veux?

—Je veux aller dans la montagne, monsieur Seguin.

—Mais, malheureuse,[5] tu ne sais pas qu'il y a le loup dans la montagne. . . Que feras-tu quand il viendra?. . .

—Je lui donnerai des coups de corne, monsieur Seguin.

—Le loup se moque bien de tes cornes. Il m'a[6] mangé des biques[7] autrement encornées que[8] toi. . . Tu sais bien, la pauvre vieille Renaude qui était ici l'an dernier? une maîtresse chèvre,[9] forte et méchante comme un bouc. Elle s'est battue[10] avec le loup toute la nuit. . . Puis, le matin, le loup l'a mangée.[11]

—Pécaïre![12] Pauvre Renaude!. . . Ça ne fait rien, monsieur Seguin, laissez-moi aller dans la montagne.

---

1. **Oh! non!** non을 강조한 표현.
2. **de trop court** 「너무 짧게」.
3. **j'allonge** allonger의 접속법현재 1인칭단수. 주절의 동사가 vouloir이기 때문에 쓰인 접속법.
4. **qu'est-ce qu'il te faut** 「무엇을?」의 뜻을 가진 의문대명사 qu'est-ce que가 비인칭동사와 함께 쓰이면 실주어로서 「무엇이?」라는 뜻이 된다.
5. **malheureuse** la chèvre를 부른 명사로 사용되어 불쌍한 암염소라는 뜻.
6. **m'**=me. 간접목적보어 대명사. 「나에게서」.
7. **biques**=chèvres의 구어.
8. **autrement ~ que...** 「…와는 다르게 ~」.
9. **une maîtresse chèvre** maîtresse는 명사 maître의 여성형이지만 여기서는 형용사로 사용되었다.
10 **s'est battue** se battre의 복합과거. 대명동사는 복합시제에서 조동사 être를 취한다.
11. **l'a mangée** manger의 복합과거. 조동사 avoir를 써서 이루어진 복합시제동사의 어미는 앞에 직접목적보어가 있을 때 그 성·수를 따른다. l'=la.
12. **Pécaïre** 남불지방에서 동정이나 연민을 나타내는데 쓰는 간투사.

—Bonté divine![1]. . . dit M. Seguin; mais qu'est-ce qu'on leur fait donc à mes chèvres?[2] Encore une[3] que le loup va me manger . . . Eh bien, non. . . je te sauverai malgré toi,[4] coquine! et de peur que tu ne rompes[5] ta corde, je vais t'enfermer dans l'étable et tu y resteras[6] toujours.»

Là-dessus, M. Seguin emporta la chèvre dans une étable toute[7] noire, dont[8] il ferma la porte à double tour. Malheureusement, il avait oublié la fenêtre, et à peine eut-il le dos tourné,[9] que la petite s'en alla. . .

Tu ris, Gringoire? Parbleu! je crois bien; tu es du parti des[10] chèvres, toi, contre ce bon M. Seguin. . Nous allons voir si tu riras[11] tout à l'heure.[12]

Quand la chèvre blanche arriva dans la montagne, ce fut un ravissement général. Jamais les vieux sapins n'avaient rien vu d'aussi joli.[13] On la reçut comme une petite reine. Les châtaigniers se baissaient jusqu'à terre pour la caresser du bout de leurs branches. Les genêts d'or s'ouvraient sur son passage, et sentaient bon tant qu'ils pouvaient. Toute la montagne lui fit fête.

Tu penses, Gringoire, si[14] notre chèvre était heureuse! Plus de

---

1. **Bonté divine!** 간투사. 프로방스방언 Bounta de Dieu!를 옮겨 놓은 것.
2. **à mes chèvres** 앞에 있는 leur를 반복 강조하면서 뜻을 명확하게 한 것.
3. **une**=une chèvre. 4. **malgré toi** 「네가 무어라고 하건」.
5. **de peur que tu ne rompes** 접속사구 de peur que 뒤에서는 접속법 동사를 써야 하기 때문에 rompre의 접속법현재 rompes가 왔고 종속절에 허사 ne가 있다.
6. **resteras** rester의 단순미래형으로서 여기서는 명령을 완곡하게 표현.
7. **toute** 부사 tout의 여성형. 부사는 원래 불변어이지만 자음 또는 유음 h로 시작되는 여성형용사 앞에서는 변화해서 toute가 된다.
8. **dont** de가 포함된 관계대명사. 선행사는 une étable.
9. **à peine eut-il le dos tourné** 「등을 돌리자 마자」. 접속사구 à peine ~ que가 문두에 있으면 그 뒤에 있는 주어와 동사는 흔히 도치된다.
10. **tu es du parti des** être du parti de... (…의 편이다).
11. **si tu riras** 간접의문 종속절.
12. **tout à l'heure** 조금 전이라는 뜻과 잠시 후라는 두가지 뜻이 있으나 여기서는 미래의 뜻.
13. **rien... d'aussi joli** 「이렇게 예쁜 것이라고는 아무것도」. 부정대명사 rien에 형용사가 붙을 때는 그 사이에 de가 들어 간다.
1. **si,** 부사. 「얼마나」의 뜻.

corde,[1] plus de pieu. . . rien qui l'empêchât de[2] gambader, de brouter à sa guise. . . C'est là qu'il y en avait de l'herbe![3] jusque par-dessus les cornes, mon cher!. . . Et quelle herbe! Savoureuse, fine, dentelée, faite de mille plantes. . . C'était bien autre chose que le gazon du clos. Et les fluers donc![4]. . . De grandes campanules bleues, des digitales de pourpre à longs calices, toute une forêt de fleurs sauvages débordant[5] de sucs capiteux!. . .

La chèvre blanche, à moitié soûle, se vautrait là-dedans les jambes en l'air[6] et roulait le long des talus, pêle-mêle avec les feuilles tombées et les châtaignes. . . Puis, tout à coup, elle se redressait d'un bond sur ses pattes. Hop![7] la voilà partie,[8] la tête en avant,[9] à travers les maquis et les buissières, tantôt sur un pic, tantôt au fond d'un ravin, là-haut, en bas, partout. . . On aurait dit qu'[10]il y avait dix chèvres de M. Seguin dans la montagne.

C'est qu'[11]elle n'avait peur de rien, la Blanquette.

Elle franchissait d'un saut de grands torrents qui[12] l'éclaboussaient au passage de[13] poussière humide et d'[13]écume. Alors, toute[14] ruis-

---

1. **Plus de**=il n'y avait plus de.
2. **rien qui l'empêchât de**=il n'y avait rien qui l'empêchât **de.** rien은 부정의 뜻이므로 그 뒤에 걸리는 관계대명사절에서는 동사가 접속법이 된다. empêchât는 empêcher의 접속법 반과거. 접속법 반과거는 주절에 접속법을 요구하는 과거의 어떤 시제의 동사가 있을 때 종속절에서, 주절에 표현된 것과 동시 또는 미래에 속하는 것을 나타내는데 쓰인다.
3. **il y en avait de l'herbe** 대명사 en은 부분관사가 붙은 명사 de l'herbe를 가리킨 것인데 en만으로는 모호하기 때문에 de l'herbe라고 반복함으로써 분명히 지시해 준 것.
4. **donc** 강조하는 접속사로서 여기서는 「꽃은 어떤가 하면」의 뜻.
5. **débordant**=qui débordait.
6. **les jambes en l'air** 양태의 상황보어.
7. **Hop!,** 간투사로서 자 어서! 하는 독려의 뜻.
8. **la voilà partie** voilà는 원래 vois là여서 동사를 포함한 것이기 때문에 인칭대명사가 앞에 나간다.
9. **la tête en avant** 양태의 상황보어.
10. **on aurait dit que...** 「마치 …같았다」. aurait dit는 dire의 조건법 과거.
11. **C'est que**=C'est parce que.
12. **l'**=la=la Blanquette.
13. **de** éclaboussaient에 걸린 것.
14. **toute** 부사 tout의 여성형. 자음으로 시작하는 여성 형용사 앞에 있기 때문에 변하한 것.

selante, elle allait s'étendre[1] sur quelque roche plate et se faisait sécher par le soleil... Une fois, s'avançant[2] au bord d'un plateau, une fleur de cytise aux dents,[3] elle aperçut en bas, tout en bas dans la plaine, la maison de M. Seguin avec le clos derrière. Cela la fit rire aux larmes.[4]

«Que c'est petit! dit-elle; comment ai-je pu tenir là-dedans?»

Pauvrette![5] de se voir si haut perchée, elle se croyait au moins aussi grande que le monde. . .

En somme, ce fut une bonne journée pour la chèvre de M. Seguin. Vers le milieu du jour, en courant de droite et de gauche, elle tomba dans une troupe de chamois en train de croquer une lambrusque à belles dents.[6] Notre petite coureuse en robe blanche fit sensation. On[7] lui donna la meilleure place à la lambrusque, et tous ces messieurs furent très galants. . . Il paraît même,—ceci doit rester entre nous,[8] Gringoire,—qu'un jeune chamois à pelage noir eut la bonne fortune de plaire à Blanquette. Les deux amoureux s'égarèrent parmi le bois[9] une heure ou deux, et si tu veux savoir ce qu'ils dirent, va le[10] demander aux sources bavardes qui courent invisibles[11] dans la mousse.

---

1. **allait s'étendre** 「누으려 갔다」. 여기서 allait는 원래의 의미의 「갔다」는 뜻.
2. **s'avançant** s'avancer의 현재분사. 여기서는 분사절을 이루어 뒤에 있는 주절에 이어진다.
3. **une fleur de cytise aux dents** 양태의 상황보어.
4. **aux larmes** 「눈물이 날 정도로」. aux를 이루는 전치사 à는 정도를 나타낸다.
5. **Pauvrette** 「불쌍한 암염소」. pauvre에 指小辭 et를 붙여 여성화한 것.
6. **croquer à belles dents** 「아작아작 깨물어 먹다. 탐욕스럽게 잘 씹어먹다」.
7. **On**=une troupe de chamois.
8. **ceci doit rester entre nous** 「이것은 우리 두 사람만 알아 둘 이야기지만」.
9. **parmi le bois** 「숲 속을」. parmi 「많은 것 사이에」라는 뜻의 전치사이므로 보통은 복수명사 또는 집합명사와 함께 쓰이지만 옛날에는 단수명사를 동반하고 장소를 가리키는 데도 사용되었다. 요즘은 장소를 지시하는데는 쓰이지 않는다.
10. **le**=ce qu'ils dirent.
11. **courent invisibles** courent는 courir의 직설법 현재. invisibles는 부사로 쓰인 형용사.

Tour à coup le vent fraîchit. La montagne devint violette; c'était[1] le soir.

«Déjà!» dit la petite chèvre; et elle s'arrêta fort étonnée.

En bas, les champs étaient noyés de brume. Le clos de M. Seguin disparaissait dans le brouillard, et de la maisonnette[2] on ne voyait plus que le toit avec un peu de fumée. Elle écouta les clochettes d'un troupeau qu'on ramenait, et se sentit l'âme toute[3] triste. . . Un gerfaut, qui rentrait, la frôla de[4] ses ailes en passant.[5] Elle tressaillit. . . puis ce fut un hurlement dans la montagne:

«Hou! hou!»

Elle pensa au loup; de tout le jour[6] la folle[7] n'y[8] avait pas pensé . . . Au même moment une trompe sonna bien loin dans la vallée. C'était ce bon M. Seguin qui tentait un dernier effort.

«Hou! hou!. . . faisait[9] le loup.

—Reviens! reviens!. . . » criait la trompe.

Blanquette eut envie de revenir; mais en se rappelant le pieu, la corde, la haie du clos, elle pensa que maintenant elle ne pouvait plus se faire à[10] cette vie, et qu'[11]il valait mieux[12] rester.

La trompe ne sonnait plus. . .

La chèvre entendit derrière elle un bruit de feuilles. Elle se re-

1. **c'était** 과거 시제로 말한 것들을 묶어서 설명하기 위한 반과거.
2. **de la maisonnette** 앞의 le clos에 대해서 la maisonnette라고 말한 것이며, 「la maisonnette는 어떤가 하면」이란 뜻.
3. **toute** 자음으로 시작되는 여성 형용사 앞에서 성・수 일치한 부사.
4. **de** 수단, 방법을 나타내는 전치사.
5. **en passant** passer의 gérondif. 동사 frôla의 동작과 동시에 일어나는 다른 동작 passer를 나타낸다.
6. **de tout le jour**=pendant toute la journée.
7. **la folle** le fou의 여성형. 암 염소이기 때문에 la folle라고 한 것이다.
8. **y** 「à+명사 또는 대명사」, 「à+부정법」 대신 쓰이는 대명사. 여기서는 au loup.
9. **faisait**=hurlait.
10. **se faire à...**=s'habituer à...
11. **qu'**=que. 앞의 pensa에 걸리는 것.
12. **il valait mieux** valait는 valoir의 직설법 반과거로서 과거에 있어서의 현재. valoir는 여기서 비인칭동사. valoir mieux... (…하는 편이 낫다).

tourna et vit dans l'ombre deux oreilles courtes, toutes droites, avec deux yeux qui reluisaient. . . C'était le loup.

Enorme, immobile, assis sur son train de derrière,[1] il était là regardant[2] la petite chèvre blanche et la dégustant[3] par avance. Comme[4] il savait bien qu'il la mangerait,[5] le loup ne se pressait pas; seulement, quand elle se retourna, il se mit à rire méchamment.

«Ha! ha! la petite chèvre de M. Seguin»; et il passa sa grosse langue rouge sur ses babines d'amadou.

Blanquette se sentit perdue[6] . . . Un moment, en se rappelant[7] l'histoire de la vieille Renaude, qui s'était battue[8] toute la nuit pour[9] être mangée le matin, elle se dit qu'il vaudrait[10] peut-être mieux se laisser manger[11] tout de suite; puis, s'étant ravisée[12], elle tomba en garde, la tête basse et la corne en avant, comme une

---

1. **train de derrière** 「네발짐승의 뒷몸뚱이」.
2. **regardant**=et il regardait.
3. **dégustant**=et il dégustait.
4. **comme**=parce que.
5. **il la mangerait** mangerait는 manger의 조건법 현재. 주절이 어떤 과거시제로 되어 있는 경우 종속절에서 그보다 미래의 일을 나타낼 때는 과거미래라고 해서 조건법현재를 쓴다.
6. **se sentit perdue** 「가망이 없다고 생각했다」. se sentit는 se sentir의 단순과거.
7. **en se rappelant** se rappeler의 gérondif. 「…을 상기하다」는 se rappeler~. rappeler 다음에 de가 없다.
8. **s'était battue** se battre의 대과거. 어떤 과거 시점에서 그보다 더 과거의 일을 말할 때 대과거를 쓴다.
9. **pour** 결과의 뜻으로 쓰인 전치사.
10. **il vaudrait** il은 비인칭. vaudrait는 valoir의 조건법 현재. 여기서는 과거에서의 미래를 표시하기 위해서 조건법이 쓰이고 있다.
11. **se laisser manger** 「먹히다」라는 수동적인 뜻.
12. **s'étant ravisée.** se raviser의 과거분사 복합형. 과거분사 복합형은 그것과 대조적으로 기술되는 주절의 동작보다 전에 완료된 동작을 나타낸다. après qu'elle se fut ravisée 또는 après s'être ravisée의 뜻.

brave chèvre de M. Seguin qu'[1]elle était . . . Non pas qu'[2]elle eût[3] l'espoir de tuer le loup,—les chèvres ne tuent pas le loup,—mais seulement pour voir si[4] elle pourrait[5] tenir aussi longtemps que la Renaude . . .

Alors le monstre s'avança, et les petites cornes entrèrent en danse.

Ah! la brave chevrette,[6] comme[7] elle y allait de bon cœur![8] Plus de dix fois, je ne mens pas, Gringoire, elle força le loup à reculer pour reprendre haleine. Pendant ces trêves d'une minute, la gourmande cueillait en hâte encore un brin de sa chère herbe; puis elle retournait au combat, la bouche pleine[9] . . . Cela dura toute la nuit. De temps en temps la chèvre de M. Seguin regardait les étoiles danser[10] dans le ciel clair, et elle se disait:

«Oh! pourvu que[11] je tienne[12] jusqu'à l'aube . . . »

L'une après l'autre[13], les étoiles s'éteignirent. Blanquette redoubla de coups de cornes, le loup de coups de dents[14] . . . Une lueur pâle parut dans l'horizon . . . Le chant du coq enroué monta d'une métairie.

«Enfin!» dit la pauvre bête, qui n'attendait plus que le jour pour mourir; et elle s'allongea par terre dans sa belle fourrure

---

1. **qu'**=que 관계대명사로서 여기서는 주어 elle이 속사.
2. **non pas que**=non pas parce que=ce n'est pas que.
3. **eût** avoir의 접속법 반과거. non pas que 뒤에는 접속법을 쓴다.
4. **si...** 「…인지 어떤지」.
5. **pourrait** pouvoir의 조건법 현재. 불확실한 것을 나타낸다.
6. **chevrette**=petite chèvre. chèvre에 指小辭를 붙여 만든 말.
7. **comme**=combien.
8. **y aller de bon cœur**=agir très volontiers.
9. **la bouche pleine**=ayant la bouche pleine.
10. **regardait les étoiles danser** 「별이 춤추는 것을 바라보았다」. les étoiles danser는 regardait의 목적보어 부정법절.
11. **pourvu que...** 「…하기만 한다면」. 이 접속사구 뒤에 오는 동사는 접속법.
12. **tienne** tenir의 접속법 현재. 「견딘다, 버틴다」의 뜻.
13. **l'une après l'autre** 「하나씩 하나씩」. l'étoile가 여성이기 때문에 l'une.
14. **le loup de coups de dents**=le loup redoubla de coup de dents.

blanche toute tachée de sang . . .

Alors le loup se jeta sur la petite chèvre et la mangea.

*

Adieu Gringoire!

L'histoire que tu as entendue n'est pas un conte de mon invention. Si jamais[1] tu viens[2] en[3] Provence, nos ménagers te parleront souvent de la *cabro de moussu Seguin, que se battégue touto la neui emé lou loup, e piei lou matin lou loup la mangé*[4].

Tu m'entends bien,[5] Gringoire.

E piei lou matin lou luop la mangé.

1. **jamais**=en un temps quelconque. 「언젠가」 대개는 ne를 동반하여 부정의 뜻으로 쓰이지만 여기서는 긍정의 뜻.
2. **viens** venir의 직설법 현재. 조건의 뜻으로 쓰이는 si 다음에 오는 현재는 미래를 나타내며 주절에서는 단순미래를 쓴다. si 바로 뒤에 미래동사를 쓰는 일은 결코 없다.
3. **en** 여성 國名, 州名, 地方名의 경우 「…로, …에서」의 의미를 나타내려면 전치사 en을 쓰고 정관사는 생략.
4. La chèvre de monsieur Seguin, qui se battit toute la nuit avec le loup, et puis, le matin le loup la mangea. [원주]
5. **Tu m'entends bien** 「내 말 잘 알아 들었지」.

Les Etoiles

Récit d'un berger provençal

Du temps que[1] je gardais les bêtes sur le Luberon,[2] je restais des semaines entières sans voir âme qui vive,[3] seul dans le pâturage avec mon chien Labri[4] et mes ouailles. De temps en temps, l'ermite du Mont-de-l'Ure[5] passait par là pour chercher des simples ou bien[6] j'apercevais la face noire de quelque charbonnier du Piémont;[7] mais c'étaient des gens naïfs, silencieux à force de solitude, ayant perdu[8] le goût de parler et ne sachant rien[9] de[10] ce qui se disait[11] en bas dans les villages et les villes. Aussi, tous les quinze jours,[12] lorsque j'entendais, sur le chemin qui monte, les sonnailles du mulet de notre ferme m'apportant[13] les provisions de quinzaine, et que[14] je voyais apparaître peu à peu, au-dessus de la côte, la

---

1. **du temps que...** 「…때 쯤, …시절」. 전치사 de는 막연하게 시간을 표시.
2. **le Luberon** 프로방스 지방에 있는 석회질 산맥 이름. 주봉은 높이 1,125 m 의 Le Grand Luberon. 산맥 이름에는 정관사를 붙인다.
3. **sans voir âme qui vive** 「아무도 보지 못하고」. âme qui vive (살아 있는 사람). ne 와 함께 사용되어 ne pas rencontrer **âme** qui vive 처럼 personne 의 뜻을 갖는다.
4. **Labri** 보통 프로방스 및 도피네 지방에서 검은 색의 양지키는 개에게 잘 붙이는 이름.
5. **le Mont-de-l'Ure** 프로방스 지방의 산맥 이름. montagne de Lure 라고도 한다.
6. **ou bien** bien 은 ou 의 강조.
7. **Piémont** 이태리와 불란서 국경의 산록지방.
8. **ayant perdu** perdre 의 과거분사 복합형. 과거분사 복합형은 「조동사의 현재분사+동사의 과거분사」로 구성되며, 그것과 대조적으로 기술된 주절의 동작보다 이전에 완료되어 있는 동작을 나타낸다. 여기서는 qui avaient perdu 의 뜻.
9. **ne sachant rien**=qui ne savaient rien. 이 현재분사는 관계대명사절 대신 쓰인 것.
10. **de** 「…에 관해서」. 주제를 나타내는 전치사.
11. **se disait** se dire 의 반과거. 여기서는 était dit. 말해지고 있었다는 수동적인 의미를 가지며 과거현재이기 때문에 반과거를 썼다.
12. **tous les quinze jours** 「2주일마다」. tous les+수자+복수명사 「…마다」. *Ex.* tous **les** 100 mètres(100 m 마다). toutes les dix minutes (10분마다).
13. **m'apportant**=qui m'apportait.
14. **que**=lorsque. lorsque, quand, comme, si, parce que, **à peine que** 등 접속사를 반복 사용할 때는 두번째부터 que 를 대용한다.

tête éveillée[1] du petit *miarro*[2] (garçon de ferme) ou la coiffe rousse de la vieille tante Norade, j'étais vraiment bien heureux. Je me faisais raconter[3] les nouvelles du pays d'en bas, les baptêmes, les mariages; mais ce qui m'intéressait surtout, c'était de savoir[4] ce que devenait la fille de mes maîtres, notre demoiselle Stéphanette, la plus jolie qu'il y eût[5] à dix lieues à la ronde. Sans avoir l'air d'[6]y prendre torp d'intérêt[7] je m'informais si[8] elle allait beaucoup aux fêtes, aux veillées, s'[8]il lui venait[9] toujours de nouveaux galants;[10] et à[11] ceux qui me demanderont ce que ces choses-là pouvaient me faire, à moi[12] pauvre berger de la montagne,[13] je répondrai que j'avais vingt ans et que cette Stéphanette était ce que j'avais vu[14] de plus beau[15] dans ma vie.

Or, un dimanche que j'attendais les vivres de quinzaine, il se

---

1. **je voyais apparaître ...la tête éveillée...** 감각동사 voyais는 목적보어로 부정법절을 받는다. la tête와 뒤에 나오는 la coiffe가 부정법절의 주어. 그 동사는 부정법 apparaître.
2. **miarro** 원래의 뜻은 구할 수 있는 가장 작은 돼지. 비유적으로 사용되어 수확하는 일꾼에게 음식을 운반해 주는 농가의 어린 소년.
3. **je me faisais raconter** 「나에게 이야기 하게 했다」. me faisais는 se faire의 반과거.
4. **c'était de savoir ce que...** c'était는 강조어법. c'est 또는 il est 따위 비인칭표현에서 내용상의 주어가 부정법이면 보통 전치사 de로 연결된다.
5. **la plus jolie qu'il y eût** eût는 avoir의 접속법 반과거. le plus, le moins, le meilleur, le pire, le mieux 따위 최상급 표현을 선행사로 가진 관계대명사절에서는 접속법을 쓴다. 주절이 과거시칭일 때 종속절에서는 주절에 표현된 것과 동시에 일어난 일을 표현하려면 반과거를 쓴다.
6. **sans avoir l'air de...** 「…하는 척하지 않고」.
7. **y prendre trop d'intérêt** prendre de l'intérêt à (…에 관심·흥미를 갖다). trop de 다음에는 관사를 생략. y=à cela=à cette chose.
8. **si** 「인지 어떤지」. 간접의문절을 유도하는 접속사.
9. **s'il lui venait** venir는 비인칭동사로 사용되었는데 그것은 동사를 강조하기 위한 것. 어떤 자동사 및 대명동사는 비인칭적으로 쓰이면 강조된다.
10. **de nouveaux galants** 형용사+명사 앞에 부정관사 des가 오면 de로 변한다. galant =amoureux.
11. **à** 뒤에 나오는 je répondrai의 보어를 유도하는 전치사.
12. **à moi** 앞의 me를 강조하기 위하여 반복된 것.
13. **pauvre berger de la montagne** 앞의 me, moi의 동격.
14. **j'avais vu** voir의 대과거. 그 때까지라는 과거의 기점 이진에 경험하고 있는 것이므로 대과거를 사용.
15. **de plus beau** 앞의 ce que에 걸린다. ce que 뒤에 쓰인 de plus는 최상급.

trouva qu'[1] ils n'arrivèrent que très tard. Le matin je me disais:[2] «C'est la faute de la grand-messe[3]»; puis, vers midi, il vint[4] un gros orage, et je pensai que la mule n'avait pas pu se mettre en route à cause du mauvais état des chemins. Enfin, sur les trois heures, le ciel étant lavé,[5] la montagne luisante d'eau et de soleil, j'entendis parmi l'égouttement des feuilles et le débordement des ruisseaux gonflés les sonnailles de la mule, aussi gaies, aussi alertes qu'un grand carillon de cloches un jour de Pâques.[6] Mais ce n'était pas le petit *miarro*, ni la vieille Norade qui la conduisait. C'était... devinez qui! . . . notre demoiselle, mes enfants![7] notre demoiselle en personne, assise droite entre les sacs d'osier, toute[8] rose de[9] l'air des montagnes et du rafraîchissement de l'orage.

Le petit était malade, tante Norade en vacances[10] chez ses enfants. La belle Stéphanette m'apprit tout ça,[11] en descendant[12] de sa mule, et aussi qu'elle[13] arrivait tard parce qu'elle s'était perdue[14] en route; mais à la voir[15] si bien endimanchée, avec son ruban à

1. **il se trouva que** 「…하는 일이 있었다」. se trouver 가 비인칭으로 쓰이면 「어쩌다가…하는 일이 일어난다」는 뜻.
2. **je me disais**=je pensais.
3. **grand-messe** 대미사. 고대불어에서는 형용사에 남성·여성의 구별이 없는 것이 있는데 grand 도 그런 형용사이므로 여성형이 될 때 어미에 e를 붙이지 않는 일이 있다. *Ex.* grand-mère, grand-route.
4. **il vint** p.38 주 9 참조.
5. **étant lavé** etre+타동사의 과거분사=수동형.
6. **Pâques** 「부활절」. 이 뜻으로 쓰일 때는 p는 대문자로, 관사는 생략하고 어미에는 s를 붙인다. 성은 남성. 여성 단수로 쓰이면 유태교의 유월절.
7. **mes enfants!** 상대방이 어린애가 아니라도 친밀감을 가지고 부를 때 쓰는 말.
8. **toute** 부사 tout는 자음 또는 유음의 h로 시작되는 여성 형용사 앞에서는 비록 부사이지만 변화해서 성수일치한다.
9. **de** ~ 「…대문에」. 원인·이유를 나타내는 전치사.
10. **en vacances** 앞에서 était가 반복을 피하기 위해서 생략된 것.
11. **tout ça** tout cela의 구어적 표현.
12. **en descendant** descendre의 gérondif로 동시성을 표시.
13. **qu'elle** qu'=que. m'apprit에 걸린다.
14. **s'était perdue** 「길을 잃었다」. se perdre의 대과거. 대명동사는 항상 조동사 être를 취하여 복합시제를 만들고 그 과거분사는 se가 직접목적일 때 se의 성·수와 일치.
15. **à la voir** 「그 여자를 보니까」. 「à+대명사+voir」 (…의 모습을 보니).

fleurs, sa jupe brillante et ses dentelles, elle avait plutôt l'air de s'être attardée[1] à quelque danse que[2] d'[3] avoir cherché son chemin dans les buissons. O la mignonne créature! Mes yeux ne pouvaient[4] se lasser de la regarder. Il est vrai que je ne l'avais jamais vue[5] de si près.[6] Quelquefois l'hiver, quand les troupeaux étaient descendus dans la plaine et que[7] je rentrais le soir à la ferme pour souper, elle traversait la salle vivement, sans guère parler aux serviteurs, toujours parée et un peu fière. . . . Et maintenant je l'avais là devant moi, rien que pour moi;[8] n'était-ce pas à en perdre la tête?[9]

Quand elle eut tiré[10] les provisions du panier, Stéphanette se mit à regarder curieusement autour d'elle. Relevant un peu sa belle jupe du dimanche[11] qui aurait pu[12] s'abîmer, elle entra dans le *parc*,[13] voulut voir le coin où je couchais, la crèche[14] de paille avec la peau de mouton, ma grande cape accrochée au mur, ma crosse, mon fusil à pierre.[15] Tout cela l'amusait.

---

1. **s'être attardée** s'attarder의 부정법과거. 부정법과거는 주동사의 행위보다 전에 이루어진 행위를 표현.
2. **que** 앞의 plutôt에 걸려서 plutôt～que ～ (…라기보다는 차라리…).
3. **d'**=de. 앞의 l'air de로 연결되는 것.
4. **ne pouvaient** pouvoir가 부정법을 거느릴 때는 흔히 부정의 pas를 생략하고 ne만으로 부정형을 만든다.
5. **je ne l'avais jamais vue** 대명사 l'=la가 직접목적보어이므로 과거분사 vu는 la의 성수에 일치해서 여성단수형 vue.
6. **de si près** 「그렇게 가까이에서」. 부사구.
7. **et que**=et quand.
8. **rien que pour moi** 「나만을 위해서」. rien que ～ (…만).
9. **en perdre la tête** 「그 때문에 이성을 잃다」. en=de cela. 앞의 à는 「…해야 하는」.
10. **eut tiré** tirer의 전과거. 전과거는 여기서 quand으로 시작된 종속절 속에서 사용되어 주절의 동작 직전에 이루어진 동작을 표시하여 「…하자마자」의 뜻을 가진다. 「panier에서 (du=de+le) provisions을 꺼내자마자 se mit à～」.
11. **du dimanche** 여기서는 habit du dimanche. 「나들이옷」의 뜻.
12. **aurait pu** pouvoir의 조건법 과거. pouvoir는 그것이 갖는 뜻 자체로해서 가끔 조건이 제시되지 않고 사용되어 추측, 가정, 불확실 따위를 나타낸다.
13. **parc** 가축을 목양하는 「울막은 목장」.
14. **crèche** 여기서는 「침대」의 뜻.
15. **fusil à pierre** 「부시돌로 불을 붙이는 총」.

«Alors, c'est ici que tu vis,[1] mon pauvre berger? Comme[2] tu dois t'ennuyer d'être toujours seul! Qu'est-ce que tu fais? A quoi penses-tu?[3] . . . »

J'avais envie de répondre: «A vous,[4] maîtresse,[5]» et je n'aurais pas menti;[6] mais mon trouble était si grand que je ne pouvais pas seulement trouver une parole. Je crois bien qu'elle s'en apercevait,[7] et que[8] la méchante prenait plaisir à redoubler mon embarras avec ses malices:

«Et ta bonne amie, berger, est-ce qu'elle monte te voir quelquefois? . . . Ça doit être[9] bien sûr la chèvre d'or,[10] ou cette fée Estérelle[11] qui ne court qu'à la pointe des montagnes . . .»

Et elle-même, en me parlant, avait bien l'air de la fée Estérelle, avec le joli rire de sa tête renversée et sa hâte de s'en aller qui faisait de sa visite une apparition.[12]

«Adieu, berger.

— Salut,[13] maîtresse.»

Et la voilà partie,[14] emportant ses corbeilles vides.

---

1. **c'est ici que tu vis......?** 「네가 사는 것은 여기인가?」. c'est~que~ (…인 것은 …이다). 강조어법.
2. **comme** 「얼마나」. 부사. 「계대명사.
3. **à quoi penses-tu?** 「너는 무엇을 생각하느냐?」 quoi는 항상 전치사와 함께 쓰이는 관
4. **à vous** je pense à vous로 연결되는 말. 「뜻의 부르는 말.
5. **maîtresse** maître의 여성형으로 여주인이란 뜻이지만 관사가 생략되어 단지 「아씨」라는
6. **je n'aurais pas menti** 「나는 거짓말을 하지 않았을 것이다; 내 말은 거짓이 아니었을 것이다」. 조건절 si je l'avais dit가 생략된 것이라고 생각할 수 있다.
7. **s'en apercevait** 그것을 알아차렸다. en=de cela. s'apercevoir de ~ (…을 알아차리다).
8. **que** je crois bien에 걸리는 것.
9. **ça doit être**=cela doit être 「…일 것이 틀림없다」. doit는 devoir의 직설법 현재.
10. **la chèvre d'or** 전설에 나오는 「황금 암 산양」.
11. **fée Estérelle** 프로방스 지방의 Estérelle 산에 산다고 전해지는 선녀.
12. **faisait de sa visite une apparition** faisait는 faire의 반과거. faire de quelque chose ~ (무엇을 …로 만들다, 하다). 「나타나자 마자 사라져 버리는 그 여자의 방문은 마치 선녀의 출현과 같았다」는 뜻
13. **salut** 속어에서 bonjour, adieu, au revoir 대신으로 쓰이고 특히 남불에서 au revoir의 뜻으로 쓰인다.
14. **la voilà partie** 「이제 그 여자는 떠났다」. voilà는 원래 vois là에서 온 말이기 때문에 그 안에 동사가 포함되어 있어서 인칭대명사는 앞에 온다.

Lorsqu'elle disparut dans le sentier en pente, il me semblait que[1] les cailloux, roulant[2] sous les sabots de la mule, me tombaient un à un sur le cœur.[3] Je les entendis[4] longtemps, longtemps; et jusqu'à la fin du jour, je restai comme ensommeillé, n'osant bouger, de peur de faire en aller[5] mon rêve. Vers le soir, comme[6] le fond des vallées commençait à devenir bleu et que[7] les bêtes se serraient en bêlant[8] l'une contre l'autre[9] pour rentrer au *parc*, j'entendis qu'on[10] m'appelait dans la descente, et je vis paraître notre demoiselle,[11] non plus rieuse[12] ainsi que[13] tout à l'heure, mais tremblante de[14] froid, de peur, de mouillure. Il paraît qu'au bas de la côte elle avait trouvé la Sorgue[15] grossie par la pluie d'orage, et qu'[16] en voluant passer à toute force elle avait risqué de se noyer. Le terrible, c'est qu'à cette heure de nuit il ne fallait plus songer à[17] retourner à la ferme; car le chemin par la traverse,[18] notre demoi-

---

1. **il me semblait que...** 「…라고 나에게는 생각되었다」. 이 다음에 오는 동사는 일반적으로 직설법.
2. **roulant**=qui roulait.
3. **me tombaient...sur le cœur** 뜻은 tombaient sur mon cœur와 같으나 그렇게 쓰지 않고 소유형용사 대신 정관사를 쓰고 me를 앞에 붙여 준다.
4. **je les entendis** les는 les cailloux를 받은 말. entendis는 entendre의 단순과거.
5. **faire en aller** 「가게 하다」. faire+부정법은 「~하게 하다」는 뜻의 사역형. 이 구문에서는 부정법이 대명동사일 때 대명사 se는 생략된다. *Ex.* faire taire.
6. **comme**=quand=lorsque.
7. **et que**=et comme. que는 lorsque, quand, comme, si 등 접속사가 반복될 때 두번째부터 그것들 대신으로 쓰인다.
8. **en bêlant** bêler의 gérondif. 주동사의 행위와 같은 시간에 일어나는 행위를 나타낸다.
9. **l'une contre l'autre** se serrer l'une contre l'autre는 「서로 몸을 바싹 붙이다」. contre는 바싹 붙도록 접근한 경우에 쓰인다.
10. **on**=quelqu'un.
11. **vis paraître notre demoiselle** 「우리 작은아씨가 나타나는 것을 보았다」. paraître notre demoiselle은 부정법절로서 감각동사 vis의 목적보어.
12. **non plus rieuse** 「이미 웃지 않고」. rieuse는 「웃는」의 뜻의 형용사 rieur의 여성단수.
13. **ainsi que**=comme.
14. **tremblante de** tremblante는 trembler의 현재분사가 형용사로 쓰인 동사상 형용사이기 때문에 관계되는 명사 notre demoiselle을 따라서 여성단수. de는 이유•원인을 나타낸다.
15. **la Sorgue** Rhône강에 흘러드는 지류 이름.
16. **et qu'**=et que. et il paraît que로 연결된다.
17. **il ne fallait plus songer à** 「이미 생각해서는 안되었다 ; 이미 어림도 없었다」.
18. **le chemin par la traverse** la traverse 「지름길」.

selle n'aurait jamais su[1] s'y retrouver toute seule, et moi je ne pouvais pas quitter le troupeau. Cette idée de passer la nuit sur la montagne la tourmentait beaucoup, surtout à cause de l'inquiétude des siens.[2] Moi, je la rassurais de mon mieux:

«En juillet, les nuits sont courtes, maîtresse. . . . Ce n'est qu'un mauvais moment.[3]»

Et j'allumai vite un grand feu pour sécher ses pieds et sa robe toute trempée de l'eau de la Sorgue. Ensuite j'apportai devant elle du[4] lait, des fromageons;[5] mais la pauvre petite ne songeait ni à se chauffer, ni à manger, et de voir les grosses larmes qui montaient dans ses yeux, j'avais envie de pleurer, moi aussi.

Cependant[6] la nuit était venue tout à fait. Il[7] ne restait plus sur la crête des montagnes qu'une poussière de soleil, une vapeur de lumière du côté du[8] couchant. Je voulus que notre demoiselle entrât[9] se reposer dans le *parc*. Ayant étendu[10] sur la paille fraîche une belle peau toute[11] neuve, je lui souhaitai la bonne nuit, et j'allai m'asseoir dehors devant la porte. . . . Dieu m'est témoin que,[12] malgré le feu d'amour qui me brûlait le sang,[13] aucune mauvaise

1. **n'aurait jamais su** savoir의 조건법과거의 부정형. savoir는 부정법을 동반할 때 「할 수 있다」는 뜻의 pouvoir의 의미를 가진다.
2. **des siens** 「그 여자의 가족」. 소유형용사 남성복수형은 가족, 친척, 일당 따위의 뜻으로 쓰인다.
「으면 된다」는 뜻.
3. **Ce n'est qu'un mauvais moment** 「그것은 불쾌한 순간에 지나지 않는다」 즉 「잠깐 참
4. **du** 부분관사 남성단수. des는 부분관사 복수.
5. **fromageons** 남불지방에서 나는 양 또는 산양 젖으로 만든 「흰 색깔의 치즈」.
6. **cependant**=pendant ce temps-là.
7. **il** 문법상의 주어. 내용상의 주어는 une poussière de soleil, une vapeur de lumière.
8. **du côté de...** 「…의 쪽으로」. 여기의 de는 [쪽으로」의 뜻.
9. **entrât** enrter의 접속법 반과거. 주절에 voulus가 있기 때문에 접속법이 쓰인 것.
10. **ayant étendu** 「펴고서」. étendre의 과거분사 복합형. 여기서는 souhaitai라는 행동보다 먼저 있은 준비를 표현하며 après avoir étendu의 뜻.
11. **toute** 부사 tout의 여성형. 부사는 원래 변하지 않으나 tout는 예외여서 여성형용사 앞에 오면 그 성수를 따른다.
12. **Dieu m'est témoin que...** 「…은 신이 나의 증인이다 즉, 신이 알고 있다」.
13. **me brûlait le sang** 「나의 피를 불태우고 있었다」. brûlait mon sang과 같은 뜻이지만 그렇게는 쓰지 않는다.

pensée ne me vint;[1] rien qu'[2]une grande fierté de songer que dans un coin du parc, tout près du troupeau curieux qui la regardait dormir, la fille de mes maîtres,—comme une brebis plus précieuse et plus blanche que toutes les autres,—reposait, confiée[3] à ma garde. Jamais le ciel ne m'avait paru[4] si profond, les étoiles si brillantes. . . . Tout à coup, la claire-voie du *parc* s'ouvrit et la belle Stéphanette parut. Elle ne pouvait[5] pas dormir. Les bêtes faisaient crier[6] la paille en remuant, ou bêlaient dans leurs revês. Elle aimait mieux[7] venir près du feu. Voyant cela,[8] je lui jetai ma peau de bique sur les épaules,[9] j'activai la flamme, et nous restâmes assis l'un près de l'autre sans parler. Si vous avez jamais passé la nuit à la belle étoile,[10] vous savez qu'à l'heure où nous dormons, un monde mystérieux s'éveille dans la solitude et le silence. Alors les sources chantent bien plus clair, les étangs allument des petites flammes.[11] Tous les esprits de la montagne vont et viennent librement; et il y a dans l'air des frôlements, des bruits imperceptibles, comme si[12]

---

1. **ne me vint** vint은 venir의 단순과거. la pensée me vint ~ (…라는 생각이 나에게 떠올랐다). 부정의 pas가 생략된 것은 앞에 aucune가 있기 때문이다.
2. **rien qu'** 「…이외의 아무것도 없었다」. 앞에 il n'y avait가 생략된 것으로 보면 된다.
3. **confiée** 분리된 형용사로서 앞의 la fille de mes maîtres에 걸리는 것이기 때문에 그 성·수를 따라 여성 단수.
4. **avait paru** paraître의 대과거. 그때까지란 뜻이 포함되어 있다.
5. **pouvait** pouvoir의 반과거. 반과거로 이유를 나타내고 있다.
6. **faisaient crier** 「버석버석 소리나게 했다」. faire+부정법은 사역형.
7. **aimait mieux...** 「…하는 편이 더 나았다」. aimer mieux+부정법의 구문에서는 전치사 없이 바로 부정법이 붙는다.
8. **voyant** voir의 현재분사. 주절의 동사 jetai와의 시간관계를 나타내는데 여기서는 jetai의 바로 전의 행동을 표현.
9. **je lui jetai...sur lus épaules** 「…을 그 여자의 어깨 위에 걸쳤다」. sur ses épaules과 같은 뜻이지만 인체에 관한 것이므로 정관사를 붙이고 앞에 보어대명사를 쓴다.
10. **à la belle étoile,** 「노천에서, 한데서」.
11. **des petites flammes** 명사 바로 앞에 형용사가 오면 du, de la, des는 de로 변하는 것이 원칙이나 petit, grand, gros, bon, **mauvais, jeune, vieux,** joli 따위 형용사가 명사와 함께 복합명사를 만들어 명사의 일부가 되어 버린 경우에는 관사는 그대로 쓰이고 de가 되지 않는다. *Ex,* des jeunes filles.
12. **comme si...** 「마치…처럼」. 이 뒤에 오는 동사는 현재 또는 미래를 표현할 때는 반과거,

l'on[1] entendait les branches grandir, l'herbe pousser. Le jour, c'est la vie des êtres;[2] mais la nuit, c'est la vie des choses. Quand on n'en[3] a pas l'habitude, ça fait peur. . . . Aussi[4] notre demoiselle était toute frissonnante et se serrait contre moi au moindre[5] bruit. Une fois, un cri long, mélancolique, parti de l'étang qui luisait plus bas, monta vers nous en ondulant. Au même instant une belle étoile filante glissa par-dessus nos têtes dans la même direction, comme si cette plainte que nous venions d'entendre[6] portait une lumière avec elle.

«Qu'est-ce que c'est? me demanda Stéphanette à voix basse.

— Une âme qui entre en paradis, maîtresse»; et je fis le signe de la croix.[7]

Elle se signa aussi, et resta un moment la tête en l'air,[8] très recueillie. Puis elle me dit:

«C'est donc vrai, berger, que vous êtes sorciers, vous autres?[9]

— Nullement, notre demoiselle. Mais ici nous vivons plus près des étoiles, et nous savons ce qui s'y passe mieux que des gens de la plaine.»

과거를 표현할 때는 대과거 또는 조건법과거 제2형이 쓰인다.

1. **l'on** et, ou, où, si, que 바로 뒤에 on이 오면 모음이 연속되는 것을 피하기 위해 l'on의 형태를 쓴다.
2. **des êtres**=des êtres vivants.
3. **en**=de cela. on n'a pas l'habitude de cela의 뜻으로 쓰인 것.
4. **Aussi**=c'est pourquoi.「그래서」.
5. **moindre** petit의 비교급. 최상급은 le moindre. plus petit, le plus petit는 형태의 크고 작은 것, 구체적인 것을 말할 때, moindre, le moindre는 계측할 수 없는 추상적인 것에 쓰이는 것이 원칙. 여기서 au moindre bruit는「아무리 작은 소리에도」의 뜻.
6. **venions d'entendre**「금방 들었던」. venir de+부정법은 근접과거라 하여 가까운 과거를 나타낸다.
7. **fis le signe de la croix**「성호를 그었다」. fit는 faire의 단순과거. 다음의 se signer와 같은 뜻.
8. **la tête en l'air**「하늘을 보고」. 양태의 상황보어.
9. **vous autres**「당신들은」. autres는 nous와 vous에 첨가되어 강조한다. 이 때 autres는 대명사이며 nous나 vous를 다른 사람들과 구별해서 한정하기 위해 쓰이는 것이며「다른」이란 뜻이 아니다

Elle regardait toujours en haut, la tête appuyée dans la main,[1] entourée[2] de la peau de mouton comme un petit pâtre céleste:

«Qu'il y en a![3] Que c'est beau! Jamais je n'en avais tant vu.[4] . . . Est-ce que tu sais leurs noms, berger?

— Mais oui,[5] maîtresse. . . . Tenez! juste au-dessus de nous, voilà le *Chemin de saint Jacques* (la voie lactée). Il va de France droit[6] sur l'Espagne. C'est saint Jacques de Galice qui l'a tracé pour montrer sa route au brave Charlemagne lorsqu'il faisait la guerre aux Sarrasins.[7] Plus loin, vous avez le *Char des âmes* (la Grande Ourse) avec ses quatre essieux resplendissants. Les trois étoiles qui vont devant sont les *Trois Bêtes,* et cette toute petite[8] contre[9] la troisième c'est le *Charretier.* Voyez-vous tout autour cette pluie d'étoiles qui tombent? ce sont les âmes dont[10] le bon Dieu ne veut pas chez lui. . . . Un peu plus bas, voici le *Râteau* ou les *Trois Rois* (Orion). C'est ce qui nous sert d'horloge, à nous autres.[11] Rien qu'en les regardant, je sais maintenant qu'il est minuit passé. Un peu plus bas, toujours vers le midi, brille *Jean de Milan,* le flambeau des astres[12] (Sirius). Sur[13] cette étoile-là, voici[14]

---

1. **la tête appuyée dans la main** 「머리를 한 손으로 받치고」. 양태의 상황보어이며 앞에 ayant이나 avec를 보충해 보면 이해하기 쉽다.
2. **entourée** 분리된 형용사. elle에 걸리는 것.
3. **Qu'il y en a!** 「참으로 별도 많군요!」. Qu'=que=combien (얼마나 많은, 참으로 많은). en=d'étoiles.
4. **je n'en avais tant vu**=je n'avais vu tant d'étoiles. en=d'étoiles.
5. **mais oui** 「그렇구 말구요」. mais는 「그러나」의 뜻이 아니고 강조.
6. **droit** 「바로, 곧장」.
7. **Tous ces détails d'astronomie populaire sont traduits de l'Almanach provençal qui se publie en Avignon.** 原書註 : 「이들 통속천문학의 세목은 아비뇽에서 발간되는 프로방스 연감에서 번역된 것이다」.
8. **cette toute petite**=cette toute petite étoile.
9. **contre** 「붙어서」. 밀접하리만큼 접근해 있을 때 쓴다.
10. **dont** vouloir de~의 de가 걸린다.
11. **à nous autres** 「우리들 양치는 목동에게 있어」. p. 45. 주 9 참조.
12. **des astres**=des étoiles.
13. **sur~** 「…에 관해서」. 주제를 나타내는 전치사.
14. **voici** 「다음과 같다」. 앞으로 말하려는 것을 가리키는 데 쓰인다.

ce que les bergers racontent. Il paraît qu'[1]une nuit *Jean de Milan,* avec les *Trois Rois* et la *Poussinière* (la Pléiade), furent invités à la noce d'une étoile de leurs amies.[2] La *Poussinière,* plus pressée, partit, dit-on, la première, et prit le chemin haut. Regardez-la, là-haut, tout au fond du ciel. Les *Trois Rois* coupèrent plus bas et la rattrapèrent; mais ce paresseux de *Jean de Milan,*[3] qui avait dormi trop tard, resta tout à fait derrière, et furieux, pour les arrêter, leur jeta son bâton. C'est pourquoi[4] les *Trois Rois* s'appellent aussi le *Bâton de Jean de Milan*. . . . Mais la plus belle de toutes[5] les étoiles, maîtresse, c'est la nôtre, c'est l'*Etoile du berger,* qui nous éclaire à l'aube quand nous sortons[6] le troupeau, et aussi le soir quand nous le rentrons.[7] Nous la nommons encore *Maguelonne,* la belle Maguelonne qui court après *Pierre de Provence* (Saturne) et se marie avec lui tous les sept ans.[8]

«Comment! bergrer, il y a donc des mariages d'étoiles?

— Mais oui,[9] maîtresse.»

Et comme[10] j'essayais[11] de lui expliquer ce que c'était que[12] ces

---

1. **il paraît que** 「…인 듯하다, …인 것 같다」. que 다음의 동사는 직설법.
2. **amies** 여성으로 된 것은 명사 étoiles의 성이 여성이기 때문.
3. **paresseux de Jean de Milan** 게으름뱅이 장드밀랑. de는 paresseux와 Jean de Milan을 동격으로 만들어 주는 데 쓰인다.
4. **C'est pourquoi**=c'est pour cette raison 「그러기 때문에」.
5. **la plus belle de toutes** 「모든 것 중에서 가장 아름다운」. 최상급 표현에 같이 쓰이는 de는 「…중에서」의 뜻.
6. **sortons** sortir의 직설법 현재. 여기서는 타동사로서 「꺼내다, 내놓다」의 뜻.
7. **rentrons** rentrer의 직설법 현재. 여기서는 타동사로 사용되어 「다시 넣는다」의 뜻. 앞의 le는 le troupeau.
8. **tous les sept ans** 「7년마다」. tous les+수자+복수 명사 (…마다).
9. **mais oui,** 「그렇고 말고요」. mais는 「그러나」라는 대립의 뜻이 아니고 oui에 대한 강조로 사용되었다.
10. **comme**=quand=lorsque.
11. **essayais** essayer의 반과거. essayer de+inf.=faire des efforts, des tentatives en vue de+inf. 「…하려고 시도하다」.
12. **ce que c'était que** 「…이 무엇인지」. était는 반과거이지만 과거현재로 쓰인 것이므로 해석할 때는 현재로 한다.

mariages, je sentis quelque chose de frais et de fin[1] peser[2] légèrement sur mon épaule. C'était sa tête alourdie de sommeil qui s'appuyait contre moi avec un joli froissement de rubans, de dentelles et de cheveux ondés. Elle resta ainsi sans bouger jusqu'au moment où[3] les astres du ciel pâlirent, effacés par le jour qui montait. Moi, je la regardais dormir, un peu troublé au fond de mon être,[4] mais saintement protégé par cette claire nuit qui ne m'a jamais donné que de belles pensées. Autour de nous, les étoiles continuaient leur marche silencieuse, dociles comme un grand troupeau; et par moments je me figurais qu'une de ces étoiles, la plus fine, la plus brillante, ayant perdu[5] sa route, était venue se poser sur mon épaule pour dormir. . . .

---

1. **quelque chose de frais et de fin** 부정대명사 quelque chose 뒤에 형용사가 올 때는 de를 그 사이에 놓으며 형용사는 중성으로 간주되어 성·수 불변이다.
2. **je sentis quelque chose de frais et de fin peser** 동사가 감각동사 sentis이므로 목적보어는 부정법절을 받을 수 있다. quelque chose de frais et de fin이 부정법절의 주어이며, peser가 그 동사로서 부정법.
3. **jusqu'au moment où...** 「…때까지」. où 다음의 동사는 직설법. jusqu'à ce que 다음에는 접속법.
4. **mon être**=mon cœur.
5. **ayant perdu** perdre의 과거분사 복합형.

L'Arlésienne[1]

Pour aller au village, en descendant[2] de mon moulin, on[3] passe devant un *mas* bâti près de la route au fond d'une grande cour plantée[4] de micocouliers. C'est la vraie maison du *ménager* de Provence, avec ses tuiles rouges, sa large façade brune irrégulièrement percée,[5] puis tout en haut[6] la girouette du grenier, la poulie pour hisser les meules et quelques touffes de foin[7] brun qui dépassent.. .[8]

Pourquoi cette maison m'avait-elle frappé?[9] Pourquoi ce portail fermé me serrait-il le cœur?[10] Je n'aurais pas pu le dire,[11] et pourtant ce logis me faisait froid.[12] Il y avait trop de silence autour . . . Quand on passait, les chiens n'aboyaient pas, les pintades s'enfuyaient sans crier . . . A l'intérieur, pas une voix![12] Rien, pas même un grelot de mule[13] . . . Sans[14] les rideaux blancs

---

1. **l'Arlésienne** 「Arles의 여자」. Arles는 Marseille에서 89 km 되는 곳에 있는 지명. 로마시대의 유적이 많다.
2. **en descendant** descendre의 gérondif. gérondif는 en+현재분사의 형태이고, 주로 주동사의 행동과 동시에 일어나는 다른 행동을 나타내어 「…하면서, …때에」 따위로 해석된다. 그 밖에도 왕왕 수단, 방법, 원인, 이유, 조건 따위를 나타낸다.
3. **on** 부정대명사. on이 주어일 때는 동사에 중점을 둔 것이므로 특히 해석할 필요가 없거나 수동으로 해석해야 할 경우가 많다. 여기서는 전자의 경우.
4. **plantée** planter의 과거분사. planter une cour d'arbre (안마당에 나무를 심다).
5. **percée**=percée de fenêtres et de portes.
6. **tout en haut**=tout à fait en haut. 「맨 꼭대기에」. tout는 부사. haut는 유음의 h 때문에, en과 liaison 해서는 안된다.
「지 않는다.
7. **de foin** 보어명사가 형용사처럼 쓰인 것. 원칙적으로 그런 보어 명사에는 관사를 붙이
8. **dépassent**=dépassent les fenêtres 「창에서 비져 나온다」.
9. **m'avait-elle frappé?** 「그것은 나에게 격렬한 충격을 주었나?」 avait frappé는 frapper의 직설법 대과거. 뒤에 있는 반과거 serrait에 선행된 과거의 일을 표현하고 있다.
10. **me serrait-il le cœur?** 신체의 부분에는 소유형용사를 쓰지 않고 정관사를 쓰며 보어 인칭대명사로 소유자를 표시한다.
11. **je n'aurais pas pu le dire** 「나는 그것을 말할 수 없었을 것이다」. 여기서는 조건절 même si j'avais voulu가 생략된 것으로 볼 수 있나. le는 앞의 두개의 pourquoi...? 를 받는 중성대명사.
「된 구문.
12. **faisait froid** 「오싹하게 했다」. 관사는 생략.
13. **pas une voix! Rien, pas même un grelot de mule** 앞에서 il n'y avait pas가 생략
14. **sans**=s'il n'y avait pas eu=si l'on n'avait pas vu. 여기서는 조건절의 대용이며 뒤의 on aurait cru와 관련된다.

des fenêtres et la fumée qui montait des toits, on aurait cru l'endroit inhabité.[1]

Hier, sur le coup de midi,[2] je revenais[3] du village, et, pour éviter le soleil, je longeais[3] les murs de la ferme, dans l'ombre des micocouliers . . . Sur la route, devant le *mas*, des valets silencieux achevaient[3] de charger une charrette de foin. . . . Le portail était resté ouvert.[4] Je jetai un regard en passant, et je vis, au fond de la cour, accoudé,[5]—la tête dans ses mains,[6]—sur une large table de pierre, un grand vieux tout blanc,[7] avec une veste trop courte et des culottes en lambeaux . . . Je m'arrêtai. Un des hommes[8] me dit[9] tout bas:[10]

«Chut! c'est le maître . . . Il est comme ça[11] depuis le malheur de son fils.»

A ce moment, une femme et un petit graçon, vêtus de noir,[12] passèrent près de nous avec de gros[13] paroissiens dorés, et entrèrent à la ferme.

L'homme ajouta:

---

1. **inhabité** l'endroit의 부가형용사가 아니라 속사. 「그 장소를 사람이 살지 않는 곳이라고 생각했을지도 모른다」는 뜻. 2. **sur le coup de midi**=vers le midi.
3. **revenais...... longeais...... achevaient** 반과거. 연속된 행동을 진행적으로 묘사하는 반과거이며 뒤에 나오는 단순과거로 이야기된 행동의 배경을 이룬다.
4. **était resté ouvert** 「열려 있었다」. ouvert는 ouvrir의 과거분사로서 le portail의 속사.
5. **accoudé** s'accuder의 과거분사. 대명동사의 과거분사는 se가 생략된다. 여기서는 형용사로 사용되어 뒤에 나오는 un grand vieux에 걸리는 분리된 형용사.
6. **la tête dans ses mains** 양태의 상황보어. 앞에 avec나 ayant을 보충해보면 알기쉽다.
7. **tout blanc**=tout à fait blanc. tout는 강조의 부사.
8. **hommes** 여기서는 「하인」이란 뜻.
9. **dit** dire의 단순과거. 현재와 변화형이 같으니 주의해야 한다.
10. **tout bas**=tout à fait bas. bas는 형용사인데 여기서는 부사처럼 사용되었다. *cf.* parler haut (큰 소리로 말하다).
11. **ça**=cela. 구어에서 쓰이는 표현.
12. **vêtus de noir** vêtus는 se vetir의 과거분사로서 형용사로 쓰인 것. 대명동사의 과거분사는 수동의 뜻을 갖지 않고 타동사의 과거분사 만이 수동의 뜻을 지닌다. noir는 명사로서 「검은 옷, 상옷」의 뜻.
13. **de gros** 「두꺼운」. 명사 바로 앞에 형용사가 오면 원칙적으로 거기에 걸리는 부분관사 du, de la, des 및 부정관사 des는 de가 된다.

« . . . La maîtresse et Cadet[1] qui[2] reviennent de la messe. Ils y vont tous les jours, depuis que l'enfant s'est tué . . . Ah! monsieur, quelle désolation! . . . Le père porte encore les habits du mort; on ne peut pas les lui faire quitter[3] . . . Dia! hue![4] la bête!»

La charrette s'ébranla pour partir. Moi, qui voulais en savoir plus long,[5] je demandai au voiturier de monter[6] à côté de lui, et c'est là-haut, dans le foin, que[7] j'appris toute cette navrante histoire . . .

*

Il s'appelait Jan. C'était un admirable paysan de vingt ans, sage comme une fille, solide et le visage ouvert.[8] Comme[9] il était très beau, les femmes le regardaient, mais lui n'en avait qu'une[10] en tête,—une petite Arlésienne, toute[11] en[12] velours et en[12] dentelles, qu'il avait rencontrée[13] sur la Lice d'Arles, une fois.—Au *mas*, on

1. **Cadet** 「차남, 막내」. 고유명사화해서 대문자를 쓴 것.
2. **qui** 불필요하게 쓴 것이라고 생각할 수 있으며 c'est...qui의 생략형이라고도 볼 수 있다.
3. **faire quitter** 「벗게 하다」. faire+부정법은 사역형. 이 때 직접목적보어와 간접목적보어가 같이 걸리면 사물을 직접목적보어, 사람을 간접목적보어로 한다.
4. **Dia! hue!** 말을 모는 소리. 왼쪽으로 몰 때는 dia, 오른 쪽으로 몰 때는 hue.
5. **en savoir plus long**=en avoir des connaissances plus étendues. 「그 것에 관해서 더 자세하게 알다」.
6. **demander à qn de+inf.** 「…에게 …을 해달라고 하다」. 부정법의 행동을 하는 주체는 주어가 아니고 보통 qn. 주어가 부정법의 동작의 주체가 되게 하려면 à+부정법. *Ex.* Je lui demande à parler. (나는 이야기하게 해달라고 그에게 부탁한다). 따라서 여기서도 *à* monter *à* côté de lui가 되어야 하지만 je demandai au voiturier à monter... 처럼 à가 중복되므로 de monter를 사용.
7. **c'est...que** …의 부분을 강조하는 용법.
8. **ouvert** ouvrir의 과거분사가 형용사로 쓰인 것. 여기서의 뜻은 「명랑한」.
9. **comme** 이유를 나타내는 접속사.
10. **lui n'en avait qu'une**=il n'avait qu'une femme. lui는 강세형 대명사. 강세형 대명사는 3인칭만 주어가 될 수 있다.
11. **toute** 형용사. 그러나 이런 경우의 형용사는 부사나 대명사와 구별하기 힘들다.
12. **en** 착용, 차림새를 나타내는 전치사.
13. **avait rencontrée** rencontrer의 직설법 대과거. 과거의 어느 시기 이전에 완료되어 있는 일을 표현. avoir를 조동사로 해서 변화한 복합시제 동사는 직접목적보어가 과거분사 앞에 있을 때만 과거분사가 직접목적보어의 성·수와 일치. 여기서는 une petite Arlésienne를 따라서 rencontrée도 여성·단수.

ne vit pas d'abord cette liaison avec plaisir.[1] La fille passait pour[2] coquette, et ses parents n'étaient pas du pays.[3] Mais Jan voulait son Arlésienne à toute force. Il disait:

«Je mourrai si on ne me la donne pas.»

Il fallut en passer par là.[4] On décida de les marier après la moisson.

Donc, un dimanche soir, dans la cour du *mas,* la famille acheva de dîner. C'était presque un repas de noce. La fiancée n'y assistait pas, mais on avait bu[5] en son honneur[6] tout le temps . . . Un homme se présente[7] à la porte, et, d'une voix qui tremble, demande à parler à maître Estève,[8] à lui[9] seul. Estève se lève et sort sur la route.

«Maître, lui dit l'homme, vous allez marier[10] votre enfant à une coquine, qui a été[11] ma maîtresse pendant deux ans. Ce que j'avance,[12] je le prouve; voici des lettres! . . . ses parents savent tout[13]

---

1. **avec plaisir** 「기쁘게, 반갑게」. avec+추상명사는 부사의 뜻을 갖고 원칙적으로 관사는 생략.
2. **passait pour**=était considérée comme. 「…라고 인정받았다, …라고 여겨지고 있었다」. coquette는 la fille의 속사.
3. **du pays** 그 지방 사람. du=de+le. être de～는 소속을 나타낸다.
4. **en passer par là**=se résigner=se soumettre à cela. 「단념하다」. en은 허용적으로 쓰인 전치사.
5. **avait bu** boire의 대과거. 사람들은 이미 저녁을 끝마쳐가고 있었으므로 축배를 든 것은 그보다 전, 식사중이었다. 따라서 대과거 사용.
6. **en son honneur**=pour lui rendre hommage. 「그 여자를 위해서, 그 여자에게 경의를 표해서」.
7. **se présente** 「나타났다」. se présenter의 직설법 현재. 여기서부터 이 문단의 끝까지 모두 과거의 일이지만 독자의 눈 앞에 생생하게 그려 주기 위해서 현재를 쓴 이른바 역사적 현재 또는 이야기의 현재라는 기법이다.
8. **demande à parler à maître Estève** 「Estève 영감과 말할 것을 부탁한다」. 앞 페이지 주 6 참조.
9. **lui**=maître Estève. 강세형 대명사.
10. **allez marier** 근접미래.
11. **qui a été** pendant deux ans이라는 말이 있는데 반과거 qui était를 쓰지 않고 qui a été라는 복합과거를 쓴 것은 그런 사실·기억이 현재와 연결되어 있기 때문이다.
12. **avancer**=donner pour vrai 「사실로서 진술하다」.
13. **tout**=toute chose.

et me l'avaient promise;[1] mais depuis que[2] votre fils la recherche, ni eux ni la belle ne veulent plus de moi[3]. . . J'aurais cru[4] pourtant qu'après ça elle ne pouvait pas être la femme d'un autre.

— C'est bien, dit maître Estève quand il eut regardé[5] les letters; entrez boire[6] un verre de muscat.»

L'homme répond:

«Merci! j'ai plus de chagrin que de soif.»

Et il s'en va.

Le père rentre, impassible:[7] il reprend sa place à table; et le repas s'achève gaiement . . .

Ce soir-là, maître Estève et son fils s'en allèrent ensemble dans les champs. Ils restèrent longtemps dehors; quand ils revinrent, la mère les attendait[8] encore.

«Femme, dit le *ménager,* en lui amenant son fils, embrasse-le![9] il est malheureux . . .»

*

Jan ne parla plus de l'Arlésienne. Il l'aimait toujours cepen-

---

1. **me l'avaient promise** 「그 여자를 나에게 약속했다」. l'=la. 그 이전에 이미 그런 일이 있었기 때문에 대과거 사용.
2. **depuis que...** 「…한 이래」. que 다음에는 직설법.
3. **ne voulurent plus de moi** vouloir de 다음에 보어명사나 인칭대명사가 오면 accepter, rechercher의 뜻
4. **j'aurais cru** je crois의 완곡한 형태. 조건법을 쓰면 표현이 완곡·정중해진다. 주절에 조건법 과거가 있기 때문에 종속절에서 동사는 반과거가 되어 pouvait.
5. **il eut regardé** regarder의 전과거. quand=dès que=aussitôt que. eut regardé는 단순과거인 앞의 dit의 행동 직전에 있었던 행동을 표현한다.
6. **entrez boire**=entrez pour boire. entrer처럼 위치의 변화를 가져오는 행위를 나타내는 자동사는 목적을 나타내는 pour를 쓰지 않고 부정법을 받는다.
7. **impassible** le père에 걸리는 분리된 형용사.
8. **quand ils revinrent, la mère les attendait,** 과거의 계속된 행동은 attendre의 직설법 반과거 attendait로 표현되고 그 동작이 계속되는 동안에 일어난 일시적인 행동 revenir가 단순과거 revinrent로 표현되었다.
9. **embrasse-le** embrasse는 embrasser의 명령법 2인칭 단수형. 1군동사는 명령법 2인칭 단수의 어미에 s자가 없다. 긍정명령형에서는 동사 뒤에 trait d'union (−)으로 연결되어 인칭대명사가 따른다.

dant, et même plus que jamais,[1] depuis qu'on la lui avait montrée dans les bras d'un autre.[2] Seulement il était trop fier pour rien[3] dire; c'est ce qui le[4] tua, le pauvre enfant! . . . Quelquefois il passait des journées entières seul dans un coin, sans bouger. D'autres jours, il se mettait à la terre[5] avec rage et abattait à lui seul le travail[6] de dix journaliers . . . Le soir venu,[7] il prenait la route d'Arles et marchait devant lui jusqu'à ce qu'il vît[8] monter dans le couchant[9] les clochers grêles de la ville. Alors il revenait. Jamais il n'alla plus loin.

De le voir ainsi,[10] toujours triste et seul,[10] les gens du *mas* ne savaient plus que faire.[11] On redoutait un malheur . . . une fois, à table, sa mère, en le regardant avec des yeux pleins de larmes, lui dit:

«Eh bien, écoute, Jan, si tu la veux tout de même, nous te la donnerons . . .»

Le père, rouge de honte, baissait la tête:

Jan fit signe que non,[12] et il sortit . . .

---

1. **même plus que jamais** 「지금까지 이상으로 조차」의 뜻. même는 부사.
2. **depuis qu'on la lui avait montrée dans les bras d'un autre** 「다른 사나이의 팔에 (안겨 있는) 그 여자를 그에게 보여준 이래로」. un autre=un autre homme que lui.
3. **rien** 여기서는 quelque chose의 뜻. 긍정문에 부정의 뜻이 깔려있을 때에 한해서 rien을 quelque chose의 뜻으로 사용.
4. **le** 다음에 나오는 le pauvre enfant을 미리 지시한 강조용법.
5. **se mettre à la terre**=aller travailler aux champs 「밭에 일하러 가다」.
6. **abattait le travail**=faisait beaucoup d'ouvrage 「많은 일을 해 치웠다」. à lui seul 「혼자서」.
7. **le soir venu**=lorsque le soir fut venu. 독립분사 구문. venu는 venir의 과거분사로서 주동사의 주어와는 다른 독립된 자신의 주어 le soir를 갖고 여기서는 시간적 상황을 표현.
8. **vît** voir의 접속법반과거. jusqu'à ce que 다음에는 접속법을 쓴다. vît의 목적보어는 부정법절 monter...les clochers....
9. **le couchant**=l'ouest.
10. **De le voir ainsi, toujours triste et seul** toujours triste et seul은 le의 속사. de le voir=de ce fait qu'ils le voyaient ainsi....
11. **ne savaient plus que faire** 「어떻게 해야 할지 이제는 알지 못했다」. que faire는 종속의문이며 que는 의문대명사.
12. **que non**=qu'il ne la voulait pas.

A partir de ce jour, il changea sa façon de vivre, affectant[1] d'être toujours gai, pour rassurer ses parents. On le revit au bal, au cabaret, dans les ferrades.[2] A la vote[3] de Fonvieille,[4] c'est lui qui mena la farandole.[5]

Le père disait: «Il est guéri». La mère, elle,[6] avait toujours des craintes et plus que jamais surveillait son enfant . . . Jan couchait avec Cadet, tout près de la magnanerie; la pauvre vieille se fit dresser un lit[7] à côté de leur chambre . . . Les magnans pouvaient avoir besoin d'elle,[8] dans la nuit . . .

Vint[9] la fête de saint Eloi,[10] patron des ménagers.[11]

Grande joie au *mas* . . . Il y eut du châteauneuf[12] pour tout le monde et du vin cuit[13] comme s'il en pleuvait.[14] Puis des pétards, des feux sur l'aire, des lanternes de couleur plein[15] les micocouliers . . Vive saint Eloi! On farandola à mort.[16] Cadet brûla sa blouse

---

1. **affectant**=et affecta. affecter의 현재분사이며 주절의 동사 changea와 동시에 일어난 행위를 나타낸다.
2. **ferrades** 소에 낙인을 찍는 남불지방의 행사.
3. **la vote** 프로방스 방언으로 fête, 축제의 뜻.
4. **Fonvieille** Arles에서 8km 거리에 있는 작은 마을.
5. **farandole** 프로방스 지방의 민속무용. 한줄로 서로 손을 잡고 서서 원을 그려 돌면서 선두에 있는 사람의 몸짓을 따라하며 추는 춤.
6. **elle**=quant à elle. 어머니가 아버지와는 달랐다는 것을 강조.
7. **se fit dresser un lit** se faire+부정법은 「자신을 위해서 …하게 하다」의 뜻. dresser un lit 「침대를 만들다; 잠자리를 만들다」.
8. **Les magnans pouvaient avoir besoin d'elle** 앞의 Elle dit que가 생략되어 있는 le style indirect libre 「간접자유문체」. 어머니가 한 말을 직접화법으로 인용하면 Elle dit : "Les magnans peuvent avoir besoin de moi."인데 이것을 간접화법으로 고치되 앞의 도입부분 Elle dit que를 생략하고 인용내용만 쓴 것. pouvaient는 추측.
9. **Vint** 문두에 내 놓고 주어와 도치하여 감정상으로 강조한 것.
10. **saint Eloi** 성자의 이름(588—659). 금은세공 상인이었다가 Clotaire II와 Dagobert의 재무관을 지내고 Dagobert 王의 재상이 되었다가 후에 Noyon의 주교가 되었다. 프로방스지방에서 지주, 농군들의 수호성인으로 받들어지며 축제일은 12월 1일.
11. **patron des ménagers** saint Eloi의 동격명사. 「부분관사.
12. **du châteauneuf** Arles부근의 Châteauneuf-du-pape 지방에서 생산되는 포도주. du는
13. **vln cult** 포도즙을 달여서 농축하여 만든 포도주.
14. **comme s'il en pleuvait**=comme s'il pleuvait du vin cuit. 현재에 비유할 때는 comme si 다음에 직설법반과거.
15. **plein** 형용사가 전치사적으로 사용된 것.
16. **à mort**=au point de mourir 「죽도록」. à는 정도.

neuve . . . Jan lui-même avait l'air content; il voulut faire danser sa mère; la pauvre femme en[1] pleurait de bonheur.

A minuit, on alla se coucher. Tout le monde avait besoin de dormir . . . Jan ne dormit pas, lui.[2] Cadet a raconté depuis[3] que toute la nuit il avait sangloté . . . Ah! je vous réponds qu'[4]il était bien mordu,[5] celui-là[6] . . .

Le lendemain, à l'aube, la mère entendit quelqu'un traverser[7] sa chambre en courant.[8] Elle eut comme un pressentiment:[9]

«Jan, c'est toi?»

Jan ne répond[10] pas; il est déjà dans l'escalier.

Vite, vite,[11] la mère se lève:

«Jan, où vas-tu?»

Il monte au grenier; elle monte derrière lui:

«Mon fils, au nom du Ciel![12]»

Il ferme la porte et tire le verrou.

«Jan, mon Janet,[13] réponds-moi. Que vas-tu faire?»

A tâtons, de ses vieilles mains qui tremblent, elle cherche le loquet . . . Une fenêtre qui s'ouvre,[14] le bruit d'un corps sur les

---

1. **en**=de cela, 「그 때문에」. 중성대명사.
2. **lui** 대명사를 반복한 것은 다른 사람들과 구별해서 quant à Jan 「Jan 만은」 이란 뜻을 나타내기 위한 것이다.
3. **depuis** 여기서는 depuis que의 접속사구를 만드는 것이 아니라 부사로 쓰인 것.
4. **Je vous réponds qu'**=je vous assure qu'「…는 것을 보증한다」. 구어에서 자기 주장을 강조하기 위해서 쓰는 표현.
5. **il était bien mordu** 「그는 홀딱 빠져 있었다」. était mordu 는 mordre의 수동형 반과거. mordu는 구어로, 「홀딱 빠졌다, 열애한다」의 뜻.
6. **celui-là** il을 강조한 것.
7. **quelqu'un traverser** 「누군가 가로 질러 가는 것을」. 부정법절로서 감각동사 entendit의 목적보어이며 quelqu'un이 절의 주어. 그 동사는 traverser.
8. **en courant** courir의 gérondif. traverser라는 동작의 방법을 나타낸다.
9. **comme un pressentiment**=une sorte de pressentiment.
10. **répond** répondre의 직설법현재로서 여기서는 역사적 현재.
11. **vite, vite,** 강조하기 위한 반복.
12. **au nom du Ciel** 「주의 이름으로, 제발」. 간투사.
13. **Janet** Jan의 애칭. Jan에 지소사 et가 붙은 것.
14. **Une fenêtre qui s'ouvre** 급박한 사태의 내용에 맞추어 문장을 짧고 간결하게 하여 템포를 빨리하기 위해서 명사를 열거해야 하므로 qui를 쓴 것. s'ouvre는 수동적 대명동사.

dalles de la cour, et c'est tout . . .

Il s'était dit, le pauvre enfant: «Je l'aime trop . . . Je m'en vais[1] . . . » Ah! misérables cœurs que nous sommes![2] C'est un peu fort pourtant[3] que le mépris ne puisse[4] pas tuer l'amour! . . .

Ce matin-là, les gens du village se demandèrent[5] qui pouvait crier ainsi,[6] là-bas, du côté du[7] *mas* d'Estève . . .

C'était,[8] dans la cour, devant la table de pierre couverte de rosée et de sang, la mère toute nue qui se lamentait, avec son enfant mort sur ses bras.

---

1. **je m'en vais** s'en aller의 직설법현재. 여기서는 의지를 나타낸 것으로서 「나는 죽어버리겠다」는 뜻.
2. **misérables cœurs que nous sommes**=combien les cœurs des hommes sont misérables que는 뒤에 계속되는 주어 nous의 속사.
3. **c'est un peu fort pourtant** 「그러나 …은 좀 지나치다」. c'est는 que 이하를 받는 강조형.
4. **puisse** pouvoir의 접속법현재. c'est un peu fort que의 절에 의혹의 뜻이 들어 있기 때문에 거기에 걸리는 동사는 접속법.
5. **se demandèrent**=demandèrent réciproquement. 「서로 물었다」.
6. **qui pouvait crier ainsi** 간접의문 종속절.
7. **du côté de** ~ 여기서는 「…쪽으로」가 아니라 「…쪽에서」라는 뜻.
8. **c'était,** 뒤에 있는 la mère 이하와 연결되어 c'était la mère qui ~ 로서 앞의 간접의문 종속절에 대한 대답.

Le Phare des Sanguinaires[1]

Cette nuit[2] je n'ai pu[3] dormir. Le mistral[4] était en colère, et les éclats de sa grande voix m'ont tenu éveillé[5] jusqu'au matin. Balançant[6] lourdement ses ailes mutilées qui sifflaient à la bise comme les agrès d'un navire tout le moulin craquait. Des tuiles s'envolaient de sa toiture[7] en déroute. Au loin, les pins serrés dont[8] la colline est couverte s'agitaient et bruissaient[9] dans l'ombre. On se serait cru[10] en pleine mer . . .

Cela m'a rappelé tout à fait mes belles insomnies d'il y a[11] trois ans, quand j'habitais le phare des Sanguinaires, là-bas, sur la côte corse, à l'entrée du golfe d'Ajaccio.

Encore un joli coin[12] que j'avais trouvé là pour rêver et pour être seul.

Figurez-vous[13] une île rougeâtre et d'aspect farouche; le phare

---

1. **les Sanguinaires** Corse島의 Ajaccio만 서쪽 어귀에 있는 네 개의 섬. 등대는 그중 제일 큰 섬에 있다.
2. **Cette nuit** 「지난 밤」이라는 뜻과 「오늘 밤」이라는 두 가지 뜻으로 쓰일 수 있는데 여기서는 문맥으로 보아 「지난 밤」의 뜻.
3. **je n'ai pu** pouvoir 동사에 걸린 부정형은 pas를 생략하고 ne만으로 쓰일 수 있다.
4. **mistral** 남불지방의 건조 한냉한 북풍 내지 북동풍.
5. **m'ont tenu éveillé** 「나를 깨어 있게 했다」. m'(=me)는 타동사 ont tenu의 직접목적보어. éveillé는 직접목적보어 me의 속사.
6. **Balançant** balancer의 현재분사. 주절의 행위 craquait와 동시의 행위를 표현.
7. **toiture** 지붕을 덮은 재료에 대한 총괄적인 말. 이에 대하여 toit는 mur 등 건물의 한 부분으로서의 지붕이란 뜻.
8. **dont** de를 포함한 관계대명사. 다음 절의 couverte와 관련하여 la colline est couverte de pins serrés의 뜻이 된다.
9. **bruissaient** bruire의 직설법 반과거. bruire는 사물을 가리키는 주어와 함께 쓰이며 부정법과 직설법 반과거 이외에는 거의 사용되지 않는 문어적 표현이다.
10. **on se serait cru à (en) ~** 「마치 …에 있기라도 한 것처럼 생각되었다」. se serait cru는 se croire의 조건법 과거.
11. **il y a** 사물의 존재를 나타내는 「거기에 있다」는 뜻 외에 경과한 시간을 가리켜서 「…전에」라는 뜻도 있다. 여기서는 후자의 뜻.
12. **coin**=localité.
13. **figurez-vous**=imaginez.

à une pointe, à l'autre[1] une vieille tour génoise[2] où, de mon temps, logeait un aigle. En bas, au bord de l'eau, un lazaret[3] en ruine, envahi de partout par les herbes; puis des ravins, des maquis, de grandes roches, quelques chèvres sauvages, de petits chevaux corses gambadant[4] la crinière au vent;[5] enfin là-haut, tout en haut,[6] dans un tourbillon d'oiseaux de mer, la maison du phare, avec sa plate-forme en maçonnerie blanche, où les gardiens se promènent de long en large,[7] la porte verte en[8] ogive, la petite tour de[9] fonte, et au-dessus la grosse lanterne à[10] facettes qui flambe au soleil et fait de la[11] lumière même pendant le jour. . . Voilà[12] l'île des Sanguinaires, comme je l'ai revue[13] cette nuit, en entendant[14] ronfler mes pins.[15] C'était dans cette île enchantée qu'[16]avant d'avoir un moulin j'allais m'enfermer quelquefois, lorsque j'avais besoin de grand air et de solitude.

Ce que je faisais?[17]

Ce que je fais ici, moins encore.[18] Quand le mistral ou la

---

1. **à l'autre**=à l'autre pointe.
2. **génoise** Gênes의 형용사 여성 단수형. Corse섬은 1347년부터 1768년까지 제노바 영토였다가 1768년에 Louis XV에게 팔려서 불란서 영토가 되었다.
3. **lazaret** 전염병 만연 지역에서 오는 여행자 또는 선원들을 검역하기 위한 「격리 수용소」.
4. **gambadant**=qui gambadent.
5. **la crinière au vent** 양태의 상황보어. 앞에 avec나 ayant을 보충해 보면 된다.
6. **tout en haut** 「제일 높은 곳에, 맨 꼭대기에」. haut의 h는 유음이므로 en과 liaison 해서는 안된다.
7. **de long en large**=en long et en large=en tous sens.
8. **en** 「모양의」. 형태를 나타내는 전치사.
9. **de** 재료를 나타내는 전치사. la petite tour de fonte (무쇠로 된 작은 탑).
10. **à ~** 「…을 가진, …이 있는」. 특징을 나타내는 전치사.
11. **de la** 부분관사.
12. **Voilà** 「이것이 …이다」. 위에 말한 것을 가리킬 때 쓴다. 앞으로 말하려는 것은 voici.
13. **l'ai revue** 조동사가 avoir일 때 복합시제 동사의 과거분사의 어미는 앞에 있는 직접목적보어의 성·수를 따라 일치하므로 revue가 되었다. l'=la=l'île des Sanguinaires.
14. **en entendant** entendre의 gérondif. ai revue와 동시의 행위를 나타낸다.
15. **ronfler mes pins** 부정법절. en entendant의 목적보어.
16. **C'était ... qu'** c'est ... que의 반과거형. 강조하는 말을 …에 넣는다.
17. **Ce que je faisais?**=Me demandez-vous ce que je faisais?
18. **Ce que je fais ici, moins encore.** 위의 Ce que je faisais?에 대한 대답. 앞에 Ce que je faisais, c'était를 보충해 보면 알기 쉽다. 「내가 여기서 하고 있는 것, 아니 그보다도 더 적은 것이었다」의 뜻.

tramontane ne soufflaient pas trop fort, je venais me mettre entre deux roches au ras de l'eau, au milieu des goélands, des merles, des hirondelles, et j'y restais presque tout le jour dans cette espèce de stupeur et d'accablement délicieux que donne la contemplation de la mer. Vous connaissez, n'est-ce pas, cette jolie griserie de l'âme? On ne pense pas, on ne rêve pas non plus.[1] Tout votre être vous échappe, s'envole, s'éparpille. On est la mouette qui plonge, la poussière d'écume qui flotte au soleil entre deux vagues, la fumée blanche de ce paquebot qui s'éloigne, ce petit corailleur à[2] voile rouge, cette perle d'eau, ce flocon de brume, tout[3] excepté soi-même[4]. . . Oh! que[5] j'en[6] ai passé dans mon île de[7] ces belles heures de demi-sommeil et d'éparpillement! . . .

Les jours de grand vent, le bord de l'eau n'étant pas tenable,[8] je m'enfermais dans la cour du lazaret, une petite cour mélancolique,[9] tout embaumée[10] de romarin et d'absinthe sauvage, et là, blotti contre un pan de vieux mur, je me laissais envahir doucement par le vague parfum d'abandon et de tristesse qui flottait avec le soleil dans les logettes de pierre, ouvertes tout autour comme d'[11]anciennes tombes. De temps en temps un battement

1. **non plus** aussi의 부정형.
2. **à** 특징을 나타내는 전치사. corailleur à voile rouge「빨간 돛을 단 산호채집선」.
3. **tout**=toute chose.
4. **soi-même** 「자기 자신」. 부정대명사 on에 대한 강세형 대명사.
5. **que**=combien=comme. 감탄의 부사.
6. **en**=de ces belles heures. en만으로는 뜻이 모호하므로 뒤에서 다시 de ces belles heures「를 반복했다.
7. **de** 부분적인 de. 부분관사 대신 지시형용사 앞에서 de만 쓰일 때가 있는데 이것을「부분적인 de」=de partitif라고 한다. *Ex.* Il a de ces vices. (그는 그와 같은 악덕을 약간 가지고 있다).
8. **le bord de l'eau n'étant pas tenable**=comme le bord de l'eau n'était pas tenable. étant은 être의 현재분사로서 이유를 나타내는 상황보어로 쓰이고 있다.
9. **une petite cour...** la cour du lazaret의 동격.
10. **tout embaumée**=tout à fait embaumée. la cour에 걸리는 분리된 형용사.
11. **d'**=de. 부정관사 복수 des가「형용사+명사」앞에서 de로 변한 것.

de porte, un bond léger dans l'herbe[1] . . . c'était une chèvre qui venait brouter à l'abri du vent. En me voyant, elle s'arrêtait interdite,[2] et restait plantée[3] devant moi, l'air vif, la corne haute,[4] me regardant[5] d'[6]un œil enfantin . . .

Vers cinq heures, le porte-voix des gardiens m'appelait pour dîner. Je prenais alors un petit sentier dans le maquis grimpant[7] à pic[8] au-dessus de la mer, et je revenais lentement vers le phare, me retournant[9] à chaque pas sur cet immense horizon d'eau et de lumière qui semblait s'élargir à mesure que je montais.

*

Là-haut c'était charmant. Je vois encore cette belle salle à manger à[10] larges dalles, à lambris de chêne, la bouillabaisse[11] fumant[12] au milieu, la porte grande ouverte sur[13] la terrasse blanche et tout le couchant[14] qui entrait . . . Les gardiens étaient là, m'attendant[15] pour se mettre à table. Il y en avait trois,[16] un Marseillais et deux Corses, tous trois petits, barbus, le même visage[17] tanné, crevassé, le même *pelone* (caban) en poils de chèvre, mais d'allure et d'humeur entièrement opposées.

---

1. **un battement de porte, un bond léger dans l'herbe**... 앞에 j'entendais 가 생략된 문장.
2. **interdite** elle 에 걸린다.
3. **plantée** 주어 elle 의 속사.
4. **l'air vif, la corne haute** 양태의 상황보어. 앞에 avec 나 ayant 을 보충해 보면 된다.
5. **me regardant**=et elle me regardait.
6. **d'**—do. 양태의 상황보어를 만든다.
7. **grimpant**=qui grimpait.
8. **à pic**=perpendiculairement. 「수직으로」.
9. **me retournant**=et je me retournais. se retourner 의 현재분사.
10. **à** 특징을 나타내는 전치사.
11. **bouillabaisse** 프로방스지방의 요리로서 생선을 야채, 기름, 사프랑과 함께 백포도주 또는 물로 끓인 일종의 스우프.
12. **fumant**=qui fumait. 「김이 나는」.
13. **sur** 방향을 나타내는 전치사. 「…쪽으로, …을 향해서」.
14. **le couchant**=le soleil couchant.
15. **m'attendant**=et ils m'attendaient.
16. **il y en avait trois**=il y avait trois gardiens. en 은 대명사로서 수사 trois 의 보어.
17. **le même visage** 앞에 avec 를 보충해 보면 알기 쉽다.

A la façon de vivre de ces gens, on sentait tout de suite la différence des deux races. Le Marseillais industrieux et vif, toujours affairé, toujours en mouvement, courait l'île du matin au soir, jardinant, pêchant, ramassant des œufs de *gouailles,*[1] s'embusquant dans le maquis pour traire une chèvre au passage; et toujours quelque[2] aïoli[3] ou quelque[2] bouillabaisse en train.[4]

Les Corses, eux, en dehors de leur service, ne s'occupaient absolument de rien; ils se considéraient comme des fonctionnaires, et passaient toutes leurs journées dans la cuisine à jouer d'interminables parties de *scopa,*[5] ne s'interrompant que pour[6] rallumer leurs pipes d'[7]un air grave et hacher avec des ciseaux, dans le creux de leurs mains, de grandes feuilles de tabac vert . . .

Du reste, Marseillais et Corses, tous trois de bonnes gens,[8] simples, naïfs, et pleins de prévenances pour leur hôte,[9] quoique au fond il dût[10] leur paraître un monsieur bien extraordinaire . . .

Pensez donc! venir s'enfermer[11] au phare pour son plaisir! . . . Eux qui trouvent les journées si longues, et qui sont si heureux

---

1. **gouailles**=goélands.
2. **quelque**=une petite quantité de. 수를 셀 수 없는 것을 나타내는 명사 앞에 붙여서 적은 양을 나타내어 「약간의」 라는 의미가 된다.
3. **aïoli** 프로방스지방 고유의 요리로서 다진 마늘과 올리브유·레몬 따위로 만든 일종의 마요네즈.
4. **en train** 앞에 était 가 생략된 것. être en train (…하고 있다, …하는 중이다). 여기서는 「끓고 있었다」는 뜻.
5. **scopa** 원래 이태리에서 시작된 카드놀이의 일종.
6. **ne s'interrompant que pour**=et ils ne s'interrompaient que pour. ne...que pour~ (~하기 위해서 밖에는…하지 않다).
7. **d'**=de. d'un air grave 「엄숙한 표정으로」. 양태의 상황보어.
8. **de bonnes gens** 「좋은 사람들」. de 는 부정관사 복수 des 가 「형용사+명사」 앞에 와서 de 로 변한 것. gens 은 바로 앞에 형용사가 올 때만 여성으로 취급되는 명사이므로 여기서는 바로 앞에 형용사 bon 이 와서 bonnes 가 되었다.
9. **hôte** 주인이란 의미와 손님이란 의미가 있는데 여기서는 「손님」이란 뜻.
10. **dût** devoir 의 접속법 반과거. 접속사 quoique 다음에는 접속법을 쓰며 주절이 과거일 때 그 것과 동시의 일을 표현할 때는 종속절에서 반과거를 쓴다.
11. **venir s'enfermer...** 인칭법 대신 부정법을 써서 놀라움을 표현하는 감탄문을 이루고 있나. 「…와서 들어박히나니 !」.

quand c'est leur tour d'aller à terre . . . Dans la belle saison,[1] ce grand bonheur leur arrive tous les six mois. Dix jours de terre pour trente jours de phare, voilà[2] le règlement; mais avec l'hiver et les gros temps,[3] il n'y a plus de règlement qui tienne.[4] Le vent souffle, la vague monte, les Sanguinaires sont blanches d'écume, et les gardiens de service restent bloqués deux ou trois mois de suite, quelquefois même[5] dans de terribles situations.

«Voici[6], ce qui m'[7]est arrivé, à moi,[7] monsieur—, me contait un jour le vieux Bartoli,[8] pendant que[9] nous dînions—, voici ce qui m'est arrivé il y a cinq ans, à cette même[10] table où nous sommes, un soir d'hiver, comme maintenant. Ce soir-là, nous n'étions que deux dans le phare, moi et un camarade qu'on appelait Tchéco[11] . . . Les autres étaient à terre, malades, en congé, je ne sais plus . . . Nous finissions de dîner, bien tranquilles . . . Tout à coup, voilà mon camarade qui s'arrête de manger, me regarde un moment avec de drôles d'yeux,[12] et, pouf! tombe sur la table, les bras en avant. Je vais à lui, je le secoue, je

---

1. **la belle saison**=l'été. 유럽에서는 가을에서 겨울에 걸쳐 비가 오고 여름이면 비가 안오기 때문에 여름을 이렇게 말한다.
2. **voilà** 「이것이 …이다」. 앞에 말한 것을 가리킬 때 쓴다.
3. **gros temps** 해양용어로서 「비바람이 이는 날씨」란 뜻.
4. **il n'y a plus de règlement qui tienne** 「이미 규칙은 지킬 수 없다」. tienne는 tenir의 접속법 현재. 주절에 부정의 관념이 있으므로 거기 걸리는 관계대명사 종속절에서는 접속법
5. **même** 명사의 바로 앞이나 바로 뒤, 또는 대명사의 바로 뒤에 있을 때는 형용사로서 「같다」는 뜻으로 쓰이고 그밖의 경우는 부사인데 여기서는 부사.
6. **voici** 앞으로 말하려는 것을 지시하여 「다음과 같다」는 뜻.
7. **m'**=me…, **à moi** 「다른 사람이 아니라 나에게」. 간접보어 대명사를 강조하기 위하여 강세형으로 반복한 것.
8. **me contait un jour le vieux Bartoli** 삽입절이기 때문에 주어와 동사가 도치되어 있다.
9. **pendant que** 이 접속사구 다음에는 직설법.
10. **même table** 여기서는 même가 명사 table 직전에 있으므로 「똑같은」이란 뜻의 형용사.
11. **Tchéco** Corse 원어로는 이태리어식으로 Cecco라고 쓴다. Francesco의 애칭.
12. **avec de drôles d'yeux** 「괴상한 눈으로」. 문법적으로 변칙적 표현. de를 보면 「형용사+명사」 앞에 있는 des는 de가 되므로 drôles는 형용사이다. 그러나 d'yeux를 보면 un drôle de garçon의 경우에서 유추해서 명사로 생각할 수 없는 것도 아니다. 그러나 여기서는 drôles는 형용사로 보는 편이 낫다.

l'appelle:

«— Oh! Tché![1] . . . Oh! Tché! . . .»

«Rien, il était mort[2] . . . Vous jugez quelle émotion. Je restai plus d'une heure stupide et tremblant devant ce cadavre, puis, subitement cette idée me vient: "Et[3] le phare!" Je n'eus que le temps de monter dans la lanterne[4] et d'allumer. La nuit était déjà là . . . Quelle nuit, monsieur! La mer, le vent n'avaient plus leurs voix naturelles. A tout moment il me semblait que[5] quelqu'un m'appelait dans l'escalier. Avec cela une fièvre, une soif! Mais vous ne m'auriez pas fait descendre[6] . . . j'avais trop peur du mort. Pourtant, au petit jour, le courage me revint un peu. Je portai mon camarade sur son lit; un drap dessus, un bout de prière, et puis vite aux signaux d'alarme.[7]

«Malheureusement, la mer était trop grosse; j'eus beau appeler,[8] appeler, personne ne vint . . . Me voilà[9] seul dans le phare avec mon pauvre Tchéco, et Dieu sait[10] pour[11] combien de temps . . .

---

1. **Oh! Tché!** Corse의 원어로는 O Ce! Ce는 Francesco의 애칭인 Cecco를 다시 단축한 것. 또 Corse에서는 사람을 부를 때 앞에 "O"를 붙인다.
2. **il était mort** 「그는 죽어 있었다」. était mort는 mourir의 대과거이며 이 동사는 조동사 être.
3. **et** 문장 첫머리에 놓여서 문장의 뜻이 결정하는 여러가지 뉘앙스를 띤다. 여기서는 「옳지, 그렇지」 정도의 뜻.
4. **la lanterne** 여기서는 등·램프라는 뜻이 아니고 「등화실·불켜는 곳」이라는 뜻.
5. **il me semblait que...**, 「…처럼 보였다, …듯했다」. il semble à qn que~에서는 대체로 직설법, il semble que~에서는 접속법 동사가 쓰인다.
6. **vous ne m'auriez pas fait descendre** auriez fait는 faire의 조건법 과거. 여기서는 même si vous m'aviez dit de descendre라는 뜻의 가정이 생략된 것으로 볼 수 있다.
7. **un drap dessus, un bout de prière, et puis vite aux signaux d'alarme** 동작의 급속한 진행을 표현하기 위하여 주어를 생략해서 간결하게 한 문장. Je lui jetai un drap dessus, fis un bout de prière, et puis allai vite aux signaux d'alarme의 뜻.
8. **j'eus beau appeler** 「내가 아무리 불러도 소용 없었다」. eus는 avoir의 단순과거, beau는 형용사인데 「avoir beau+부정법」으로 쓰이면 s'efforcer vainement de...라는 양보의 의미를 갖는다.
9. **me voilà** voilà는 원래 vois+là이므로 보어가 비강세 대명사일 때는 대명사+voilà의 순서가 된다.
10. **Dieu sait** personne ne sait라는 뜻의 구어 표현.
11. **pour**.. 「…까지」. 미래시간의 지속, 기간에 대한 기한을 나타내는 전치사.

J'espérais pouvoir le garder près de moi jusqu'à l'arrivée du bateau! mais au bout de trois jours ce n'était plus possible . . . Comment faire?[1] le porter dehors? l'enterrer? La roche était trop dure, et il y a tant de corbeaux dans l'île. C'était pitié de leur abandonner ce chrétien.[2] Alors je songeai à le descendre[3] dans une des logettes du lazaret . . . Ça me prit[4] tout un après-midi, cette triste corvée-là, et je vous réponds qu'[5]il m'en fallut, du courage.[6] Tenez![7] monsieur, encore aujourd'hui, quand je descends ce côté de l'île par un après-midi de grand vent,[8] il me semble que j'ai toujours le mort sur les épaules . . .»

Pauvre vieux Bartoli! La sueur lui en[9] coulait sur le front, rien que d'y[10] penser.

*

Nos repas se passaient ainsi à causer longuement: le phare, la mer, des récits de naufrages, des histoires de bandits corses . . . Puis, le jour tombant,[11] le gardien du premier quart[12] allumait

---

1. **Comment faire?** 「어떻게 하면 좋은가?」 부정법은 주어가 없어도 충분히 의미가 통할 때 주어 없이 의문문에 쓴다.
2. **C'était pitié de leur abandonner ce chrétien.** leur=aux corbeaux. 기독교도는 영혼이 육체와 다시 결합해서 부활한다고 믿기 때문에 여기서도 기독교도를 매장하지 않고 까마귀 밥이 되게 한다는 것은 불쌍한 일이라는 뜻으로 한 말.
3. **descendre** 여기서는 자동사가 아니라 타동사로 쓰인 것.
4. **ça me prit** ça=cela는 형식상의 주어이고 내용상의 주어는 뒤에 있는 cette triste corvée-là. prit는 prendre의 단순과거. 「걸렸다」는 뜻.
5. **je vous réponds qu'**=je vous assûre qu'. 이런 경우의 répondre는 말하는 사람이 자신의 주장을 강조하기 위해서 쓰는 구어의 표현이다.
6. **il m'en fallut, du courage** en=du courage. 대명사 en만으로는 뜻이 분명치 않기 때문에 du를 다시 반복한 것. 그만큼 강조가 된다.
7. **Tenez** tenir의 명령형으로서 간투사로 쓰인 말인데 원래는 상대편에게 무엇을 내주면서 「자, 가지세요」 하는 뜻으로 쓰지만 여기서는 상대편의 주의를 환기시키기 위해서 쓰인 말.
8. **par un après-midi de grand vent** 「바람이 몹시 부는 날 오후에」. par는 여기서 시간관계를 나타낸다.
9. **en**=de cela. 「그 때문에」. 여기서는 이유·원인을 나타낸다.
10. **y**=à cela. penser à cela로 연결되는 것.
11. **le jour tombant** 「해가 질 때」. 앞에 전치사 à가 생략된 것이며 tombant은 tomber의 현재분사로서 형용사로 쓰인 것.
12. **quart** 4시간 교대의 당직.

sa petite lampe, prenait sa pipe, sa gourde, un gros Plutarque[1] à[2] tranche rouge, toute la bibliothèque[3] des Sanguinaires, et disparaissait par le fond. Au bout d'un moment, c'était dans tout le phare un fracas de chaînes, de poulies, de gros poids d'horloges[4] qu'on remontait.

Moi, pendant ce temps, j'allais m'asseoir dehors sur la terrasse. Le soleil, déjà très bas, descendait vers l'eau de plus en plus vite, entraînant[5] tout l'horizon après lui. Le vent fraîchissait, l'île devenait violette. Dans le ciel, près de moi, un gros oiseau passait lourdement: c'était l'aigle de la tour génoise qui rentrait . . . Peu à peu la brume de mer montait. Bientôt on ne voyait plus que l'ourlet[6] blanc de l'écume autour de l'île . . . Tout à coup, au-dessus de ma tête, jaillissait un grand flot[7] de lumière douce. Le phare était allumé. Laissant[8] toute l'île dans l'ombre, le clair rayon allait tomber[9] au large sur la mer, et j'étais là perdu[10] dans la nuit, sous ces grandes ondes lumineuses[11] qui m'éclaboussaient à peine en passant . . . Mais le vent fraîchissait encore. Il fallait rentrer. A tâtons, je fermais la grosse porte, j'assurais les barres de fer; puis, toujours tâtonnant,[12] je prenais un petit escalier de

1. **Plutarque** 서기 1세기에서 2세기 사이에 생존한 희랍의 역사가, 도덕가. 여기서는 고유명사 앞에 관사가 붙어서 그의 저서인 《Vies parallèles des hommes illustres》를 말한다. 우리 나라에서는 속칭 《영웅전》으로 알려져 있는 책.
2. **à** 특징을 나타내는 전치사.
3. **toute la bibliothèque** 「전장서」. un gros Plutarque의 동격.
4. **poids d'horloges** 「시계의 추」. 태엽이 아니라 추가 내려오는 운동을 톱니바퀴에 전달해서 회전시키는 장치의 추를 말하며 여기서 remontait는 태엽을 감는다는 뜻이 아니라 내려온 분동을 다시 감아 올리는 것을 의미한다.
5. **entraînant** entraîner의 현재분사. et il entraînait의 뜻.
6. **ourlet** 물결의 희게 부숴지는 부분을 가리키는 비유적 의미로 쓰이고 있다.
7. **jaillissait un grand flot** 문두에 상황보어가 있기 때문에 주어 동사가 도치된 것.
8. **laissant** laisser의 현재분사. 주어의 행위에 부수되는 행위를 나타낸다.
9. **allait tomber** 근접미래의 용법이 아니고 aller동사 본래의 뜻으로 사용된 것.
10. **perdu** je에 걸린다.
11. **ces grandes ondes lumineuses**=ces grandes ondes de lumière.
12. **tâtonnant**=à tâtons.

fonte qui tremblait et sonnait sous mes pas, et j'arrivais au sommet du phare. Ici, par exemple,[1] il y en avait de la lumière.[2]

Imaginez une lampe Carcel[3] gigantesque à[4] six rangs de mèches, autour de laquelle[5] pivotent lentement les parois de la lanterne, les unes remplies par une énorme lentille de cristal, les autres ouvertes sur un grand vitrage immobile qui met la flamme à l'abri du vent . . . En entrant j'étais ébloui. Ces cuivres, ces étains,[6] ces réflecteurs de métal blanc, ces murs de cristal bombé qui tournaient avec de grands cercles bleuâtres,[7] tout ce miroitement, tout ce cliquetis de lumières me donnait un moment de vertige.

Peu à peu, cependant, mes yeux s'y faisaient,[8] et je venais m'asseoir au pied même[9] de la lampe, à côté du gardien qui lisait son Plutarque à haute voix, de peur de s'endormir . . .

Au-dehors, le noir, l'abîme.[10] Sur le petit balcon qui tourne autour du vitrage, le vent court[11] comme un fou, en hurlant. Le phare craque, la mer ronfle. A la pointe de l'île, sur les brisants, les lames font comme des coups de canon . . . Par moments, un doigt invisible frappe aux carreaux: quelque oiseau de nuit,[12]

---

1. **par exemple** 구어에서 놀라움을 표현하는데 쓰는 간투사.
2. **il y en avait de la lumière** en=de la lumière. en 만으로는 모호하기 때문에 명사를 반복함으로써 강조한 것. de la 는 부분관사.
3. **une lampe Carcel** 1800년에 시계공 카르셀이 발명한 램프. 이 램프의 직경 12mm 의 심시가 1시간에 기름 12그람씩 태엽장치를 동력으로 해서 공급받아 소비하여 얻는 빛 9.5 촉광을 물리학에서는 광력의 단위인 카르셀로 삼고 있다.
4. **à** 특징을 나타내는 전치사.
5. **laquelle** 관계대명사 복합형. 선행사는 une lampe Carcel.
6. **ces cuivres, ces étains,** 복수가 되었을 때는 구체적인 뜻을 지녀, 「구리제품, 양철제품」. étain 은 원래 주석이지만 여기서는 fer-blanc 「양철」.
7. **bleuâtres** 「푸르스름한」. 색깔의 형용사에 -âtre 의 어미가 붙으면 그 색깔과 동계열의엷은 색깔이란 뜻. *Ex.* jaunâtre (누르스름한), rougeâtre (불그스름한).
8. **s'y faisaient**=s'y habituaient—s'y adaptaient y 는 허사
9. **même** pied 바로 뒤에 있으나 pied 의 형용사가 아니라 다음에 나오는 de la lampe 의 부사.
10. **le noir, l'abîme** 앞의 il y a 가 생략된 것으로 볼 수 있다.
11. **court** courir 의 현재. 역사적 현재 또는 이야기의 현재가 이 절에서 쓰이고 있다.
12. **quelque oiseau de nuit** 앞에 c'est sans doute 를 보충해 보면 되다.

que la lumière attire, et qui vient se casser la tête[1] contre le cristal . . . Dans la lanterne étincelante et chaude, rien que[2] le crépitement de la flamme, le bruit de l'huile qui s'égoutte, de la chaîne[3] qui se dévide: et une voix monotone psalmodiant[4] la vie de Démétrius de Phalère . . .

*

A minuit, le gardien se levait, jetait un dernier coup d'œil à ses mèches, et nous descendions. Dans l'escalier on[6] rencontrait le camarade du second quart qui montait en se frottant les yeux;[7] on[5] lui passait la gourde, le Plutarque . . . Puis, avant de gagner nos lits, nous entrions un moment dans la chambre du fond, tout encombrée de chaînes, de gros poids, de réservoirs d'étain, de cordages, et là, à la lueur de sa petite lampe, le gardien écrivait sur le grand livre du phare,[8] toujours ouvert:

Minuit. Grosse mer. Tempête. Navire au large.

---

1. **se casser la tête** casser sa tête의 뜻이지만 신체의 부분에 관해서는 그렇게 쓰지 않고 정관사를 쓰며 앞에 신체부분의 소유자를 보어대명사로 표시해 준다.
2. **rien que** il n'y a가 앞에서 생략된 것으로 볼 수 있다.
3. **de la chaîne** 앞의 le bruit에 걸리는 보어.
4. **psalmodiant**=qui psalmodie. 여기서는 단조로운 목소리로 낭독한다는 뜻.
5. **Démétrius de Phalère** BC 350—283의 아테네의 유명한 정치가.
6. **on** 여기서는 주어인칭대명사를 대신하고 있다.
7. **en se frottant les yeux** 「눈을 비비면서」. en se frottant은 se frotter의 gérondif. 인체의 부분에 관계되므로 정관사를 쓰고 앞에는 보어 인칭대명사로 소유주를 밝혀서 대명동사가 되었다.
8. **livre du phare** 「등대일지」.

Ballades en Prose[1]

En ouvrant[2] ma porte ce matin, il y avait autour de mon moulin un grand tapis de gelée blanche. L'herbe luisait et craquait comme du verre; toute la colline grelottait . . . Pour[3] un jour ma chère Provence s'était déguisée[4] en pays du Nord; et c'est[5] parmi les pins frangés de givre, les touffes de lavandes épanouies en bouquets de cristal, que[5] j'ai écrit ces deux ballades d'une fantaisie un peu germanique, pendant que la gelée m'envoyait ses étincelles blanches, et que[6] là-haut, dans le ciel clair, de[7] grands triangles de cigognes venues du pays de Henri Heine[8] descendaient vers la Camargue[9] en criant:[10] «Il fait froid . . . froid . . .»

I

La Mort du Dauphin[11]

Le petit Dauphin est malade, le petit Dauphin va mourir . . .

1. **ballades en prose**=ballades écrites en prose.
2. **en ouvrant** ouvrir의 gérondif. gérondif의 주어는 항상 주동사의 주어와 같아야 하는데 여기서는 같지 않다. 이것은 옛날 용법이고 현대불어에서는 쓰이지 않는다. 만일 il y avait 대신에 je vis한다면 맞는다.
3. **pour un jour** 「하루만」. pour는 기한을 나타내는 전치사.
4. **s'était déguisée** se déguiser의 대과거. 대명동사는 조동사 être를 취해서 대과거 변화를 하고 여기서는 주어가 ma chère Provence이기 때문에 déguisée는 여성 단수로 일치했다.
5. **c'est...que** 강조용법. 강조하고자 하는 상황보어를 「…」에 넣는다.
6. **et que**=et pendant que. 접속사구를 반복해야 할 때는 두번째부터 que를 대신 쓴다.
7. **de** 부정관사 복수 des가 「형용사+명사」 앞에 올 때에는 de로 바뀐다.
8. **Henri Heine** 유태인계 독일인. 1799~1856. Dusseldorf에서 출생, Paris에서 사망. 비통하고 우울한 시와 기행문 Reisebilder 따위를 썼다. 이들 작품은 독어와 불어로 쓰여졌으며 불란서인에게 호감을 샀다.
9. **la Camargue** Arles시의 남쪽 Rhône강 삼각주에 형성된 섬 이름. 양, 말, 들소 등의 사육과 수렵지로 유명.
10. **en criant** crier의 gérondif. desendaient와 동시에 진행되는 행위를 나타낸다.
11. **Dauphin** 불란서 왕의 장남 즉 왕세자의 칭호. 1349년에 le Dauphiné가 불란서에 합방된 이후로 이런 명칭이 생겼다.

Dans toutes les églises du royaume, le Saint-Sacrement demeure exposé[1] nuit et jour et de[2] grands cierges brûlent pour la guérison de l'enfant royal. Les rues de la vieille résidence sont tristes et silencieuses, les cloches ne sonnent plus, les voitures vont au pas[3] . . . Aux abords du palais, les bourgeois[4] curieux regardent, à travers les grilles, des suisses à bedaines dorées[5] qui causent dans les cours d'[6]un air important.

Tout le château est en émoi . . . Des chambellans, des major-domes, montent et descendent en courant les escaliers de marbre . . . Les galeries sont pleines de pages[7] et de courtisans en[8] habits de soie qui vont d'[9]un groupe à[9] l'autre quêter[10] des nouvelles à voix basse. Sur les larges perrons, les dames d'honneur éplorées se font[11] de[2] grandes révérences en essuyant leurs yeux avec de jolis mouchoirs brodés.

Dans l'Orangerie[12], il y a nombreuse assemblée de médecins en robe[13]. On les voit, à travers les vitres, agiter[14] leurs longues

---

1. **le Saint-Sacrement demeure exposé** 「성체가 현시(顯視)되어 있다」. 세자의 병의 쾌유를 특별히 기도하기 위해서 현시된 것.
2. **de** 부정관사의 복수 des가 형용사 앞에서 de로 변한 것. 「로).
3. **vont au pas**=vont à une vitesse réduite. au pas.=selon l'allure la plus lente (평보.
4. **bourgeois** 여기서는 옛날 뜻으로 「평민, 시민」.
5. **suisses à bedaines dorées** suisse는 소문자에 복수로 쓰이면 보통명사로서 옛날 외국의 용병이 된 스위스 군인, 특히 왕조시대에 불란서에 용병이 된 군인. Suisses라고 대문자를 쓰면 스위스인이란 뜻. à bedaines dorées 「금줄로 장식된 뚱뚱한 배를 가진」. à는 특징을 나타내는 전치사. bebaines는 「배」라는 뜻의 속어.
6. **d'**=de 양태의 상황보어를 이끈다.
7. **page** 성에 따라 뜻이 달라지는 명사인데 남성일 때는 「시동(侍童)」, 여성일 때는 「페이지」의 뜻. 여기서는 남성.
8. **en** 복장의 착용을 가리키는 전치사.
9. **d'...a~=de...à~** 「…에서 ~로」.
10. **quêter** 앞의 vont에 연결되어 vont quêter.
11. **se font** 「서로 한다」. 상호적 대명동사.
12. **Orangerie** 겨울철에 오렌지나무를 보관해 두기 위한 온실. Versailles에도 유명한 것이 하나 있다. 대문자를 써서 여기서는 고유명사처럼 쓰고 있다.
13. **en robe** 「박사복을 입은」. robe는 법관, 변호사, 교수 등이 직무수행시에 입는 자락이 길게 늘어진 옷.
14. **on les voit agiter~...incliner~** on은 별 뜻이 없으므로 이런 경우에는 해석할 필요가 없고 on voit하면 「…이 보인다」는 뜻. voit라는 감각동사의 목적어는 les agiter, ...les incliner라는 부성법절. les는 부성법 agiter, incliner의 주어.

manches noires et incliner doctoralement leurs perruques à marteaux[1] . . . Le gouverneur et l'écuyer du petit Dauphin se promènent devant la porte, attendant les décisions de la Faculté.[2] Des marmitons passent à côté d'eux sans les saluer.[3] M. l'écuyer jure comme un païen, M. le gouverneur récite des vers d'Horace[4] . . . Et pendant ce temps-là, là-bas, du côté des écuries, on entend un long hennissement plaintif. C'est l'alezan du petit Dauphin que[5] les palefreniers[6] oublient et qui appelle tristement devant sa mangeoire vide.

Et le roi! Où est monseigneur le roi? . . . Le roi s'est enfermé[7] tout seul dans une chambre, au bout du château . . . Les Majestés n'aiment pas qu'on les voie pleurer[8] . . . Pour la reine,[9] c'est autre chose . . . Assise au chevet du petit Dauphin, elle a son beau visage baigné de larmes, et sanglote bien haut devant tous, comme ferait une drapière.[10]

Dans sa couchette de dentelles, le petit Dauphin, plus blanc que les coussins sur lesquels[11] il est étendu, repose, les yeux fermés.[12]

---

1. **perruques à marteaux**=perruques à trois marteaux. 뒷쪽으로 기다란 한 개의 커얼을, 좌우에 두 가닥의 타래를 각각 매듭지어 늘아뜨린 가발.
2. **la Faculté**=la Faculté de médecine. 「의사단」.
3. **saluer** 우리 말로는 「…에게 인사하다, 절하다」라고 하지만 불어에서는 saluer qn 처럼 직접목적보어를 갖는다.
4. **Horace** 원명은 Quintus Horatius Flaccus. (B.C. 68∼8). 중용을 근본으로 하는 향락주의적 시를 읊은 로마 시인.
5. **que** 이것은 강조의 c'est...que 가 아니라 관계대명사. 선행사는 l'alezan.
6. **palefreniers** 금빗으로 말을 빗겨주는 일을 맡은 「마부」.
7. **s'est enfermé** s'enfermer 의 복합과거. 복합과거를 쓴 것은 들어박혀서 그 결과가 지금까지 계속되어 있기 때문이다.
8. **on les voie pleurer** 「그들이 우는 것을 사람들이 보게되는 것을」. voie 는 접속법현재. 주절에 n'aiment pas 라는 감정을 나타내는 동사가 있기 때문에 접속법을 썼다.
9. **pour la reine**=quant à la reine. 「왕비에 관해서 말히기면, 왕비는 어떤가 하면」.
10. **comme ferait une drapière** ferait 는 faire 의 조건법현재. 「아마 …할 것이다」.
11. **lesquels** 복합형의 관계대명사. 사물에 걸리고 전치사가 붙는 경우에는 복합형 관계대명사가 쓰인다.
12. **les yeux fermés** 양태의 상황보어. 앞에 ayant이나 avec 를 보충해 볼 것.

On croit qu'il dort;[1] mais non.[2] Le petit Dauphin ne dort pas . . . Il se retourne vers sa mère, et voyant[3] qu'elle pleure, il lui dit:

«Madame la reine, pourquoi pleurez-vous? Est-ce que vous croyez bonnement[4] que je m'en vais[5] mourir?»

La reine veut répondre. Les sanglots l'[6]empêchent[7] de parler.

«Ne pleurez donc pas, madame la reine; vous oubliez que je suis le Dauphin, et que[8] les Dauphins ne peuvent pas mourir ainsi . . .»

La reine sanglote encore plus fort, et le petit Dauphin commence à s'effrayer.

«Holà[9], dit-il, je ne veux pas que la mort vienne[10] me prendre, et je saurai[11] bien l'[12]empêcher[7] d'arriver jusqu'ici . . . Qu'on fasse venir[13] sur l'heure quarante lansquenets[14] très forts pour monter la garde autour de notre[15] lit! . . . Que cent gros canons veillent[16] nuit et jour, mèche allumée, sous nos fenêtres! Et malheur

---

1. **dort** dormir의 직설법 현재. croire는 verbe d'opinion인데 verbe d'opinion 다음에는 직설법을 쓴다. 단 그것이 부정형이나 의문형일 때는 접속법을 쓴다.
2. **mais non** 여기서 mais는 대립의 뜻이 아니고 단순히 non의 부정을 강조한 것.
3. **voyant** voir의 현재분사. 「보고서」.
4. **bonnement**=réellement, vraiment.
5. **je m'en vais** s'en aller의 직설법 현재. 「s'en aller+부정법」은 근접미래를 나타내어 「…하려고 하다」는 뜻이며 지금은 거의 1인칭으로 밖에 쓰이지 않는다.
6. **l'**=la=la reine.
7. **empêcher** 이 동사는 empêcher qn de faire qc「누가 무엇을 하는 것을 막다」로 쓰인다.
8. **que** vous oubliez에 걸린다. 「닥쳐」의 뜻.
9. **Holà** 부르는데 쓰이는 간투사. 「여봐라, 이봐」. 또 중지시키는데도 쓰인다. 이때는 「입
10. **vienne** venir의 접속법 현재. 주절에 vouloir 동사가 있으므로 접속법이 사용되었다.
11. **saurai** savoir의 직설법 미래. 여기서는 pouvoir의 뜻으로 사용되었다.
12. **l'**=la=la mort.
13. **qu'on fasse venir** 「오도록 해라」. fasse는 faire의 접속법 현재. 「faire+부정법」은 사역형. 여기서는 독립절 속에서 접속법이 사용되어 3인칭에 대한 명령을 한 것이다.
14. **lansquenet** 15세기에서 16세기 사이의 독일인 용병. 발음은 [lɑ̃skənɛ].
15. **notre**=mon. 높은 지위에 있는 사람, 군주 등이 자기의 존엄을 나타내기 위해서는 je 대신 nous를 쓴다. 여기서는 왕자가 위엄있게 명령하는 말투.
16. **veillent** veiller의 접속법현재. 주 13 참조.

à[1] la mort, si elle ose s'approcher de nous! . . .»

Pour complaire à l'enfant royal, la reine fait un signe. Sur l'heure, on entend les gros canons qui roulent dans la cour; et quarante grands lansquenets, la pertuisane au poing,[2] viennent se ranger autour de la chambre. Ce sont de vieux soudards à[3] moustaches grises. Le petit Dauphin bat des mains en les voyant.[4] Il en[5] reconnaît un et l'appelle:

«Lorrain! Lorrain!»

Le soudard[6] fait un pas vers le lit:

«Je t'aime bien, mon[7] vieux Lorrain . . . Fais voir un peu ton grand sabre . . . Si la mort veut me prendre, il faudra[8] la[9] tuer, n'est-ce pas?»

Lorrain répond:

«Oui, monseigneur.»

Et il a deux grosses larmes qui coulent sur ses joues tannées.

A ce moment, l'aumônier[10] s'approche du[11] petit Dauphin et lui parle longtemps à voix basse en lui montrant[12] un crucifix.[13] Le petit Dauphin l'écoute d'un air fort étonné,[14] puis tout à coup

1. **malheur à** malheur sur 라고도 하며「…에게 불행이 있어라」. 저주를 의미하는 간투사.
2. **la pertuisane au poing** 양태의 상황보어. 앞에 avec 나 ayant 을 보충해 볼 것.
3. **à** 특징을 나타내는 전치사.
4. **en voyant** voir 의 gérondif. 동시성을 나타낸다.
5. **en**=de ces soudards. un 의 보어.
6. **le soudard** 이미 소개된 인물이기 때문에 정관사로 지시했다.
7. **mon** 여기서는 단순히 친밀감을 표시. 이야기 속에 나오는 인물에 대한 친밀감이나 관심을 소유형용사로서 표시한다.
8. **faudra** falloir 의 미래형. 조건문에서 주절에 직설법 미래가 되면 조건 종속절에서는「si+직설법 현재」이다.「si+직설법 미래」의 구조는 절대로 불가하다.
9. **la**=la mort.
10. **l'aumônier** 여기서는 궁중사제장 le grand aumônier 의 뜻.
11. **s'approche de...**「…에 접근한다, 가까이 간다」.
12. **en lui montrant** en montrant 은 montrer 의 gérondif. en 과 현재분사 사이에 목적보어 인칭대명사가 온다.
13. **crucifix** 어미의 x 는 발음되지 않는다.
14. **d'un air fort étonné**「매우 놀란 표정으로」. 양태의 상황보어.

l'interrompant:

«Je comprends bien ce que vous me dites, monsieur l'abbé: mais enfin est-ce que mon petit ami Beppo[1] ne pourrait pas mourir à ma place, en lui donnant[2] beaucoup d'argent? . . .»

L'aumônier continue à lui parler à voix basse, et le petit Dauphin a l'air de plus en plus étonné.

Quand l'aumônier a fini, le petit Dauphin reprend[3] avec un soupir:

«Tout ce que vous me dites là[4] est bien triste, monsieur l'abbé; mais une chose me console, c'est que là-haut, dans le paradis des étoiles, je vais[5] encore être le Dauphin . . . Je sais que le bon Dieu est mon cousin et ne peut pas manquer de me traiter selon mon rang.»

Puis il ajoute, en se tournant vers sa mère:

«Qu'on apporte[6] mes plus beaux[7] habits, mon pourpoint d'[9]hermine[8] blanche et mes escarpins de[9] velours! Je veux me faire brave[10] pour les anges et entrer au paradis en[11] costume de Dauphin.»

---

1. **Beppo** 왕조시대에는 왕자가 잘못을 저질러 벌을 받아야 할 때 왕자가 받을 채찍 형벌을 대신 받는 역할의 소년이 있었는데 Beppo도 그런 소년인 것으로 추측된다.
2. **en lui donnant** en donnant은 donner의 gérondif. 여기서는 조건·가정을 나타내어 si je lui donnais의 뜻. 원칙적으로 gérondif의 주어는 주절의 주어와 같은데 여기서는 그렇지 않은 옛날 용법.
3. **reprend** reprendre의 현재. 대화중에 대화자 중의 하나가 다시 말을 한다는 뜻.
4. **là** 여기서는 아무 의미도 담겨 있지 않는 군말로서 단순히 어조상 붙인 것이다.
5. **vais** 뒤의 être와 근접미래를 이룬다.
6. **qu'on apporte** 3인칭의 희망 또는 명령. 독립절에서 문두에 보통 que를 내 놓고 동사를 접속법으로 써서 3인칭에 대한 희망이나 명령을 나타낸다.
7. **mes plus beaux** 보통 「정관사+plus」로 최상급이 되지만 때로 정관사 대신에 소유형용사가 쓰이는데 이 때도 최상급이다.
8. **hermine** 「흰담비」. 여기서는 「모피」.
9. **de** 재료를 나타내는 전치사.
10. **me faire brave** 「가장 좋은 옷을 입다」. 옛날의 구어표현이며 요즘에는 쓰이지 않는다. me faire는 se faire의 1인칭.
11. **en** 복장의 착용을 나타내는 전치사.

Une troisième fois, l'aumônier se penche vers le petit Dauphin et lui parle longuement à voix basse . . . Au milieu de son discours, l'enfant royal l'interrompt avec colère:

«Mais alors, crie-t-il, d'être Dauphin, ce n'est rien du tout![1]»

Et, sans vouloir plus rien entendre, le petit Dauphin se tourne vers la muraille, et il pleure amèrement.

II

Le Sous-préfet aux Champs[2]

M. le sous-préfet[3] est en tournée. Cocher devant, laquais derrière,[4] la calèche[5] de la sous-préfecture l'emporte majestueusement au concours régional[6] de la Combe-aux-Fées.[7] Pour cette journée mémorable, M. le sous-préfet a mis son bel habit brodé, son petit claque,[8] sa culotte collante à bandes d'argent,[9] et son épée de gala à[10] poignée de nacre... Sur ses genoux repose une grande serviette en chagrin gaufré[11] qu'il regarde tristement.

---

1. **du tout** 부정의 대명사나 부사 따위에 걸려서 그 뜻을 강조하는 부사구.
2. **champs** 일반적으로 단수는 「밭」, 복수는 「들 · 벌판 · 전원」의 뜻.
3. **M. le sous-préfet** 「군수님」. 「M.+정관사+직위명」은 경칭.
4. **cocher...devant, laquais derrière,** 양태의 상황보어.
5. **calèche,** 차체를 스프링으로 받치지 않고 매달게 장치된 「4륜마차」.
6. **concours réginal** 정부의 후원으로 열리는 「지방의 농업경진회」.
7. **Combe-aux-Fées** Daudet가 지어낸 가공의 지명. combe는 계곡, fée는 선녀의 뜻.
8. **claque**=chapeau à claque 높이가 낮고 챙이 좌우로 넓으며 약간 말려 올라가서 앞에서 보면 전체적으로 삼각형을 이룬다. 해군이나 문관 등의 예식용 모자. 일반적으로 claque라고 하면 오페라해트를 말한다.
9. **à bandes d'argent** 「은줄 장식이 달린」. à는 특징의 전치사.
10. **à** 특징을 나타내는 전치사.
11. **en chagrin gaufré** 「형판으로 찍혀 오톨도톨하게 된 가죽으로 만든」. en은 재료를 나타내는 전치사.

M. le sous-préfet regarde tristement sa serviette en chagrin gaufré: il songe au fameux[1] discours qu'il va falloir[2] prononcer tout à l'heure devant les habitants de la Combe-aux-Fées:

«Messieurs et chers administrés[3] . . . »

Mais il a beau[4] tortiller la soie[5] blonde de ses favoris et répéter vingt fois de suite:

«Messieurs et chers administrés . . .» la suite du discours ne vient pas.

La suite du discours ne vient pas . . . Il fait si chaud dans cette calèche! A perte de vue, la route de la Combe-aux-Fées poudroie sous le soleil du Midi[6] . . . L'air est embrasé . . . et sur les ormeaux du bord du chemin, tout[7] couverts de poussière blanche, des milliers de cigales se répondent[8] d'un arbre à l'autre . . . Tout à coup M. le sous-préfet tressaille. Là-bas, au pied d'un coteau, il vient d'apercevoir[9] un petit bois de chênes verts[10] qui semble lui faire signe:

Le petit bois de chênes verts semble lui faire signe:

«Venez donc par ici,[11] monsieur le sous-préfet; pour composer votre discours, vous serez beaucoup mieux sous mes arbres . . . »

M. le sous-préfet est séduit;[12] il saute à bas de sa calèche et dit[13]

---

1. **fameux**=remarquable, extraordinaire. 「훌륭한」.
2. **il va falloir** il faudra의 뜻. falloir의 근접미래형.
3. **administrés** 「피통치자」. 군수가 자기 관내 군민에게 하는 말.
4. **avoir beau+inf.** 「아무리…해야 소용없다」.
5. **soie** 여기서는 비단이란 뜻이 아니라 「뻣뻣한 털」이란 뜻.
6. **Midi** 대문자로 썼으므로 고유명사. 「남불 지방」.
7. **tout** 부사로 쓰일 때도 다음에 있는 형용사가 여성이며, 자음 또는 유성 h로 시작되는 경우에는 그 성·수를 따라 변화하지만 여기서는 남성복수형용사 앞이므로 불변.
8. **se répondent** 상호적 대명동사.
9. **il vient d'apercevoir** 근접과거.
10. **chênes verts** 「털가시나무」. yeuse라고도 한다.
11. **par ici** 「이 쪽으로」, par는 「……을 통과해서」라는 뜻이 있으나 여기서는 숙어로 「이 쪽으로」라는 뜻이다.
12. **est séduit** séduire의 수동형.
13. **dire à qn de+inf.** 「…에게…하라고 지시하다 ; 명하다」.

à ses gens[1] de l'attendre, qu'[2]il va composer[3] son discours dans le petit bois de chênes verts.

Dans le petit bois de chênes verts il y a des oiseaux, des violettes, et des sources sous l'herbe fine . . . Quand ils ont aperçu M. le sous-préfet avec sa belle culotte et sa serviette en chagrin gaufré, les oiseaux ont eu peur et se sont arrêtés de chanter, les sources n'ont plus osé faire de bruit, et les violettes se sont cachées dans le gazon . . . Tout ce petit monde-là[4] n'a jamais vu de[5] sous-préfet, et se demande à voix basse quel est ce beau seigneur qui se promène en culotte d'argent.

A voix basse, sous la feuillée, on se demande quel est ce beau seigneur[6] en culotte d'argent[7] . . . Pendant ce temps-là, M. le sous-préfet, ravi du silence et de la fraîcheur du bois, relève les pans[8] de son habit, pose son claque sur l'herbe et s'assied dans la mousse au pied d'un jeune chêne; puis il ouvre sur ses genoux sa grande serviette de chagrin gaufré et en[9] tire une large feuille de papier ministre.[10]

«C'est un artiste![11] dit la fauvette.

—Non, dit le bouvreuil, ce n'est pas un artiste, puisqu'il[12] a une culotte en argent; c'est plutôt un prince.

---

1. **ses gens** 여기서는 「하인, 부하」라는 뜻. 항상 복수로 쓰이는 명사
2. **qu'**=que. 앞의 dit의 목적보어절을 유도하는 접속사. dit que...(…라고 말한다).
3. **va composer** 근접미래형.
4. **ce petit monde-là** 「그 귀여운 패들은」. monde는 사람들이라는 뜻으로 보통 사람에게 쓰는데, 여기서는 새와 초목이 의인화되어 있기 때문에 쓴 것이다.
5. **de** 긍정문에서 부정관사 un이 붙는 것이 부정문에서 동사의 목적보어가 되면 de로 변한다.
6. **seigneur** 여기서는 「귀인·귀공자」란 뜻.
7. **culotte d'argent**=culotte **à** bandes d'argent
8. **pans** 여기서는 「옷자락」이란 뜻.
9. **en**=de la serviette. 중성대명사로서 「거기로부터」라는 뜻의 부사로서 쓰이고 있다.
10. **papier ministre** 「45cm×35cm의 대판형의 종이」. 루이14세의 대신인 Le Tellier의 사무실용으로 처음 사용되었다 하여 papier tellière라고도 한다.
11. **artiste**=peintre.
12. **puisqu'il** 대화 상대자가 이미 알고 있는 이유·원인을 나타낼 때 puisque를 쓴다.

— C'est plutôt un prince,[1] dit le bouvreuil.

— Ni un artiste, ni un prince, interrompt un vieux rossignol, qui a chanté toute une saison dans les jardins de la sous-préfecture . . . Je sais ce que c'est[2]: c'est un sous-préfet!»

Et tout le petit bois[3] va chuchotant:[4]

«C'est un sous-préfet! c'est un sous-préfet!

— Comme il est chauve!» remarque une alouette à[5] grande[6] huppe.

Les violettes demandent:

«Est-ce que c'est méchant?

—Est-ce que c'est méchant?» demandent les violettes.

Le vieux rossignol répond:

«Pas du tout!»

Et sur cette assurance, les oiseaux se remettent à chanter, les sources à[7] courir, les violettes à embaumer, comme si[8] le monsieur n'était pas là . . . Impassible au milieu de tout ce joli tapage, M. le sous-préfet invoque dans son cœur la Muse des comices agricoles, et, le crayon levé,[9] commence à déclamer de sa voix de cérémonie:[10]

«Messieurs et chers administrés . . .

— Messieurs et chers administrés», dit le sous-préfet de sa voix de cérémonie . . .

---

1. **prince** 보통은 정관사를 붙여서 왕·군주, 또는 복수로 해서 왕족이란 뜻으로 쓰는데 여기서는 「공작」의 뜻.
2. **ce que c'est** 「그것이 무엇인지」.
3. **bois** 숲 속의 새·초목을 통틀어 가리킨 말.
4. **va chuchotant** va는 aller의 직설법현재. 「aller+현재분사」형은 원래 gérondif의 en이 생략된 것으로 생각되며 계속·진행의 의미를 갖는다.
5. **à** 특징을 나타내는 전치사.
6. **grande** 크다는 뜻보다는 훌륭하다는 뜻.
7. **à** se remettent가 생략되어 à만 남은 것.
8. **comme si** 이 다음에 오는 동사의 시제는 si+가정절의 시제와 같다. 현재에 반대되는 가정일 때는 직설법 반과거.
9. **le crayon levé** 양태의 상황보어.
10. **de sa voix de cérémonie** 「격식차린 딱딱한 목소리로」.

Un éclat de rire l'interrompt; il se retourne et ne voit rien qu'[1]un gros pivert qui le regarde en riant,[2] perché sur son claque. Le sous-préfet hausse les épaules et veut continuer son discours; mais le pivert l'interrompt encore et lui crie de loin:

«A quoi bon?[3]

— Comment! à quoi bon?» dit le sous-préfet, qui devient tout rouge; et, chassant d'un geste[4] cette bête effrontée, il reprend de plus belle:[5]

«Messieurs et chers administrés . . .

— Messieurs et chers administrés . . . » a repris le sous-préfet de plus belle.[5]

Mais alors, violà les petites violettes qui se haussent vers lui sur le bout de leurs tiges et qui lui disent doucement:

«Monsieur le sous-préfet, sentez-vous[6] comme[7] nous sentons[8] bon?»

Et les sources lui font sous la mousse une musique divine; et dans les branches, au-dessus de sa tête, des tas de fauvettes viennent lui chanter leurs plus jolis[9] airs: et tout le petit bois[10] conspire pour l'empêcher[11] de composer son discours.

---

1. **rien qu'**=rien que 「오직……만」.
2. **en riant** rire의 gérondif.
3. **à quoi bon?**—à quoi cela servirait-il?. 제법, 일깅을 나타내는 부르짖음. 여기서는 이런 말로써 놀리는 것.
4. **d'un geste** 「손짓으로」.
5. **de plus belle**=plus fort qu'avant 「더욱 더」. 부사구.
6. **sentez-vous** sentir의 직설법 현재 2인칭복수 의문형. 여기서는 타동사로서 「냄새를 맡습니까」의 뜻.
7. **comme**=combien=à quel point.
8. **sentons** sentir의 직설법 현재 1인칭 복수. 여기서는 자동사이며 sentir bon 하면 「좋은 냄새가 나다」라는 뜻.
9. **leurs plus jolis** plus는 앞에 정관사가 붙으면 최상급이 되는데 정관사 말고 소유형용사가 붙어서도 최상급이 된다.
10. **bois** 숲속의 새와 초목을 통틀어서 가리킨 말.
11. **empêcher** 이 동사는 「empêcher qn de+부정법」으로 써서 「…이…하는 것을 막다」라는 뜻이 된다.

Tout le petit bois conspire pour l'empêcher de composer son discours . . . M. le sous-préfet, grisé de parfums, ivre de musique, essaye vainement de résister au nouveau charme qui l'envahit. Il s'accoude sur l'herbe, dégrafe son bel habit, balbutie encore deux ou trois fois:

«Messieurs et chers administrés . . . Messieurs et chers admi . . . Messieurs et chers . . . »

Puis il envoie[1] les administrés au diable; et la Muse des comices agricoles n'a plus qu'à[2] se voiler la face.[3]

Voile-toi la face, ô Muse des comices agricoles! . . . Lorsque, au bout d'une heure, les gens de la sous-préfecture, inquiets de leur maître, sont entrés[4] dans le petit bois, ils ont vu un spectacle qui les a fait reculer d'horreur . . . M. le sous-préfet était couché sur le ventre, dans l'herbe, débraillé comme un bohème. Il avait mis son habit bas[5] . . . et, tout en mâchonnant des violettes, M. le sous-préfet faisait des vers.

---

1. **envoie** envoyer의 직설법 현재. envoyer au diable 또는 envoyer à tous les diables= s'en débarrasser 「멀리 쫓아 버리다 ; 내던져 버리다」는 뜻의 구어 표현.
2. **n'avoir plus qu'à**... 「이제는…할 수 밖에 없다」.
3. **se voiler la face** 「얼굴을 가리다」. 인체의 부분에 관계될 때 인체의 부분의 명사에 정관사를 쓰고 앞에 보어대명사를 쓴다.
4. **sont entrés** entrer의 복합과거. entrer는 복합시제를 만들 때 조동사 être를 취하는 자동사.
5. **avait mis...bas** avait mis는 mettre의 대과거로서 était couché 이전에 이루어진 일을 나타내고 있다. mettre son habit bas=se déshabiller.

La Légende de l'Homme à[1] la Cervelle d'Or

A la dame qui demande des histoires gaies.

En lisant[2] votre lettre, madame, j'ai eu comme[3] un remords. Je m'en suis voulu de[4] la couleur un peu trop demi-deuil[5] de mes historiettes, et je m'étais promis de vous offrir aujourd'hui quelque chose de joyeux,[6] de follement joyeux.[6]

Pourquoi serais-je triste,[7] après tout?[8] Je vis[9] à mille lieues des brouillards parisiens, sur une colline lumineuse, dans le pays des tambourins et du vin muscat. Autour de chez moi tout n'est que soleil et musique[10]; j'ai des orchestres de culs-blancs, des orphéons de mésanges; le matin, les courlis qui font: «Coureli! coureli!», à midi, les cigales; puis les pâtres qui jouent du[11] fifre, et les belles

1. **à** 특징을 나타내는 전치사. 전치사 à는 「명사+à+명사」로서 뒤부분의 「à+명사」가 일종의 형용사구가 되어 용모, 착의, 특징 따위를 나타낸다.
2. **en lisant** lire의 gérondif. 주절의 동작과 동시의 동작.
3. **comme** quelque chose comme 「…와 같은 것」.
4. **je m'en suis voulu de** s'en vouloir de의 복합과거. 「s'en vouloir de+부정법」(…을 유감으로 생각하다, 후회하다).
5. **la couleur……demi-deuil** 명사 demi-deuil가 형용사 대신으로 앞의 명사 la couleur의 보어가 된 구조. 「la couleur+명사」에서 사이에 전치사 de가 들어가 「la couleur de+명사」가 될 때도 있다. demi-deuil는 제 2기 상복이란 뜻인데 이 시기의 상복에는 흑백 또는 회색 그리고 보라빛까지도 쓰인다. 여기서는 비유적으로 「슬픔이 감도는」의 뜻.
6. **quelque chose de joyeux** quelque chose에 형용사가 붙을 경우에는 사이에 de가 들어가며 이 때 형용사는 중성으로 취급되어 성·수 불변이다.
7. **serais-je** être의 조건법 현재가 감정적 용법으로 쓰인 것. 의문문에서 가정적인 사실을 분개해서 부정하기 위해 쓰인 것이다. 「왜 내가 슬프겠읍니까」의 뜻.
8. **après tout**=quoi qu'il en soit 「결국, 요컨대」.
9. **vis** vivre의 직설법 현재.
10. **soleil et musique** 여기서는 「명사+et+명사」에 관사를 생략한 구조를 써서 문장에 생기를 주는 수법을 쓴 것이다.
11. **jouent du** 「악기를 연주하다」는 뜻으로는 jouer de ～. *cf.* jouer à ～는 à가 원래 도구의 보어이기 때문에 「…을 가지고 놀다」.

filles brunes qu'on entend rire[1] dans les vignes . . . En vérité, l'endroit est mal choisi pour broyer du noir;[2] je devrais plutôt expédier aux dames des[3] poèmes couleur de rose[4] et des[3] pleins paniers de contes galants.[5]

Eh bien, non! je suis encore trop près de Paris. Tous les jours, jusque dans mes pins, il m'envoie les éclaboussures de ses tristesses . . . A l'heure même[6] où j'écris ces lignes, je viens d'apprendre[7] la mort misérable du pauvre Charles Barbara; et mon moulin en[8] est tout en deuil.[9] Adieu les courlis et les cigales! Je n'ai plus le cœur à rien[10] de gai . . . Voilà pourquoi,[11] madame, au lieu du joli conte badin que je m'étais promis[12] de vous faire, vous n'aurez encore aujourd'hui qu'une légende mélancolique.

*

Il était une fois[13] un homme qui avait une cervelle d'or; oui, madame, une cervelle toute en[14] or. Lorsqu'il vint au monde,[15]

---

1. **les belles filles brunes qu'on entend rire** 여기서 감각동사 entend의 목적보어인 부정법절의 주어는 관계대명사 qu'(=que).
2. **broyer du noir**=avoir des idées tristes 「침울해하다, 비관하다」.
3. **des** 부정관사 복수.
4. **couleur de rose** 「장미색의」. 「couleur de+명사」로서 하나의 부가형용사가 되어 des poèmes을 수식하지만 성·수는 불변이다.
5. **des pleins paniers de contes galants** des pleins paniers와 contes galants은 동격명사인데 제 1 명사가 제 2 명사를 형용사처럼 수식한 것이다. contes galants(연애 이야기).
6. **eh bien** 「그런데」. 여기서는 non! 을 강조해 주고 있다.
7. **à l'heure même** 「바로 그 시간에」. même는 부정형용사로서 동일성을 나타낸다.
8. **venir de+inf.**=근접과거.
9. **en**=de cela=de la mort... 「그것 때문에」의 뜻.
10. **est tout en deuil**=est tout à fait en deuil 「완전히 슬픔에 잠겨 있다」.
11. **rien** 부정의 말 ne...plus 뒤에 사용되어서 여기서는 quelque chose의 뜻을 가진 긍정적 의미로 쓰이고 있다.
12. **voilà pourquoi** 「그러기 때문에」. voilà는 위에서 말한 것을 가리킬 때 쓴다.
13. **je m'étais promis** se promettre의 대과거.
14. **il était une fois**=il y eut une fois 「옛날에 있었다」. 옛날 이야기에는 대개 반과거 était가 서두에 쓰인다.
15. **en** 재료를 나타내는 전치사.
16. **il vint au monde**=il naquit.

les médecins pensaient que cet enfant ne vivrait[1] pas, tant sa tête était lourde et son crâne démesuré.[2] Il vécut cependant et grandit au soleil comme un beau plant d'olivier; seulement sa grosse tête l'entraînait toujours, et c'était pitié de[3] le voir se cogner[4] à tous les meubles en marchant . Il tombait souvent. Un jour, il roula du haut d'un perron et vint donner du front contre un degré de marbre,[5] où son crâne sonna comme un lingot. On le crut mort,[6] mais en le relevant,[7] on ne lui trouva qu'une légère blessure, avec deux ou trois gouttelettes d'or caillées dans ses cheveux blonds. C'est ainsi que les parents apprirent que l'enfant avait une cervelle en or.

La chose fut tenue secrète;[8] le pauvre petit lui-même ne se douta de rien.[9] De temps en temps, il demandait pourquoi on ne le laissait plus courir[10] devant la porte avec des garçonnets de la rue.

«On vous volerait,[11] mon beau trésor! » lui répondait sa mère . .

Alors le petit avait grand-peur[12] d'être volé; il retournait jouer[13]

---

1. **vivrait** vivre의 조건법현재. 주절이 과거시일 때 종속절에서 그보다 미래의 사실을 표현할 때는 조건법 현재변화를 쓰며, 이것을 과거미래라 한다.
2. **son crâne démesuré**=son crâne était démesuré.
3. **c'était pitié de...** 「…은 딱했다」. 「대명사 le가 se cogner의 주어이다.
4. **le voir se cogner** 감각동사 voir의 목적보어는 부정법절 le...se cogner이며 목적보어
5. **donner du front contre un degré de marbre**=le heurter. 「대리석 계단에 이마를 부딪다」. 「le의 속사.
6. **le crut mort** le는 croire의 단순과거 crut의 직접목적보어이고 mort는 직접목적보어인
7. **en le relevant** 「그를 다시 일으키면서」. en relevant은 타동사 relever의 gérondif
8. **La chose fut tenue secrète**=On garda le silence là-dessus. fut tenue는 tenir의 단순과거 수동형. tenir secret는 「비밀을 지키다」.
9. **ne se douta de rien** 「꿈에도 생각지 않았다」. douter de qc (…을 의심하다 ; 믿지 않다). se douter de qc(…라고 생각하다 ; 짐작하다).
10. **pourquoi on ne le laissait plus courir** 「왜 이제는 그를 뛰어 놀게 놔두지 않는지」. 간접의문 종속절에서는 주어 동사가 도치되지 않는다. 자동사인 부정법 courir의 주어는 laissait의 직접 목적보어가 되어 있다. 11. **volerait** voler의 조건법 현재.
12. **grand-peur** avoir peur de...(…을 겁내다). 고대 불어에서는 형용사에 남·여성의 구별이 없는 것이 있다. grand도 그 중의 하나여서 여성형이 될 때에도 어미에 e를 붙이지 않았는데 그 습관이 굳어서 지금도 몇가지 표현에서는 변하지 않은 형태로 쓰인다. *Ex.* grand-mère(할머니). grand-messe(대미사). grand-route(공도).
13. **retournait jouer** retourner처럼 위치의 변화를 가져오는 행위를 나타내는 자동사는 그 행위의 목적을 나타내는 pour를 쓰지 않고 부정법을 받는다.

tout seul, sans rien dire,[1] et se trimbalait lourdement d'une salle à l'autre . . .

A dix-huit ans seulement, ses parents lui révélèrent le don monstrueux qu'il tenait[2] du destin; et, comme[3] ils l'avaient élevé et nourri jusque-là, ils lui demandèrent en retour un peu de son or. L'enfant n'hésita pas; sur l'heure même—comment? par quels moyens? la légende ne l'a pas dit—, il s'arracha du crâne un morceau d'or massif, un morceau gros comme une noix, qu'il jeta fièrement sur les genoux de sa mère. . . Puis, tout[4] ébloui[5] des richesses qui'il portait dans la tête, fou[5] de désirs, ivre[5] de sa puissance, il quitta la maison paternelle et s'en alla par[6] le monde en gaspillant son trésor.

*

Du train dont il menait sa vie[7], royalement, et semant[8] l'or sans compter, on aurait dit[9] que sa cervelle était inépuisable . . . Elle s'épuisait cependant, et à mesure[10] on pouvait voir les yeux s'éteindre,[11] la joue devenir plus creuse.[11] Un jour enfin, au matin[12]

---

1. **sans rien dire** 「아무 말도 하지 않고」. 여기서 rien은 원래 긍정의 뜻으로 quelque chose와 같은데 sans이라는 부정어 뒤에 있어서 「무엇을 말하지 않고」의 뜻이므로 「아무 말도 하지 않고」가 된다.
2. **tenir qch de qn**=recevoir qch de qn=être redevable à qn 「…에게서 받다」.
3. **comme**=puisque=étant donné que. 이유를 나타낸다.
4. **tout**=tout à fait.
5. **ébloui; fou; ivre,** 세 형용사가 모두 주어 il에 걸리는 이른바 분리된 형용사.
6. **par** 공간의 넓이를 나타내는 전치사.
7. **du train dont il menait sa vie** 「그가 생활을 해나가는 모양으로 보아서」. train은 일이 진행되는 상태나 모양. dont은 de가 포함된 관계대명사로서 그 de는 il menait의 방식·양태를 나타내는 상황보어 train을 인도해 준다.
8. **semant** semer의 현재분사. en semant의 뜻인데 주동사의 내용을 부연 설명해 주고 있다.
9. **on aurait dit**=on eût dit=il semblait.
10. **à mesure**=peu à peu.
11. **les yeux s'éteindre, la joue devenir plus creuse** 둘다 감각동사 voir의 직접목적보어인 부정법절.
12. **au matin** 「아침에」. 상황보어가 되는 경우에 le matin에는 전치사 à가 쓰일 때도 있고 쓰이지 않을 때도 있다.

d'une débauche folle, le malheureux, resté[1] seul parmi les débris du festin et les lustres qui pâlissaient,[2] s'épouvanta de[3] l'énorme brèche qu'il avait déjà faite[4] à son lingot: il était temps de s'arrêter.

Dès lors, ce fut une existence nouvelle. L'homme à la cervelle d'or s'en alla vivre à l'écart, du[5] travail de ses mains, soupçonneux[6] et craintif comme un avare, fuyant[7] les tentations, tâchant[8] d'oublier lui-même ces fatales richesses auxquelles[9] il ne voulait plus toucher . . . Par malheur, un ami l'avait suivi dans sa solitude, et cet ami connaissait son secret.

Une nuit, le pauvre homme fut réveillé[10] en sursaut par une douleur à la tête, une effroyable douleur; il se dressa éperdu, et vit, dans un rayon de lune, l'ami qui fuyait en cachant quelque chose sous son manteau . . .

Encore un peu de cervelle qu'on lui emportait! . . .

A quelque temps de là[11] l'homme à la cervelle d'or devint amoureux, et cette fois tout fut fini . . . Il aimait du meilleur de son âme une petite femme blonde, qui l'aimait bien aussi, mais qui préférait encore les pompons, les plumes blanches et les jolis glands mordorés battant[12] le long des bottines.

Entre les mains de cette mignonne créature—moitié oiseau,

---

1. **resté** 주어명사 le malheureux에 걸리는 형용사로 쓰인 rester의 과거분사.
2. **pâlissaient** pâlir의 반과거로서 과거에 있어서의 진행을 나타낸다.
3. **de** 「…에」. 이유·원인을 나타내는 전치사.
4. **qu'il avait déjà faite** faire의 대과거. 주동사 s'épouvanta의 행위 이전에 이루어진 것이므로 대과거를 썼는데, 과거분사는 앞에 직접목적보어가 있을 때 성·수를 따르므로 여성단수가 되어 어미에 e가 붙었다.
5. **du=de+le.** de는 수단·방법을 나타내는 전치사.
6. **soupçonneux** 주어 l'homme에 걸리는 형용사.
7. **fuyant** fuire의 현재분사. 「피하면서」의 뜻.
8. **tâchant** tâcher의 현재분사. tâchant de...(…을 노력하면서).
9. **auxquelles=à+lesquelles.** 복합형 관계대명사로서 선행사는 ces fatales richesses. toucher à ces fatales richesses로 연결.
10. **fut réveillé** réveiller의 수동형 단순과거. 동작주보어는 뒤의 par une douleur.
11. **à quelque temps de là** 「그 후 얼마 있다가」.
12. **battant=**qui battent.

moitié poupée —, les piécettes d'or fondaient que[1] c'était un plaisir. Elle avait tous les caprices; et lui[2] ne savait jamais dire non; même, de peur de[3] la[4] peiner, il lui cacha jusqu'au bout le triste secret de sa fortune.

«Nous sommes donc bien[5] riches?» disait-elle.

Le pauvre homme répondait:

«Oh! oui . . . bien riches!»

Et il souriait avec amour au petit oiseau bleu[7] qui lui mangeait le crâne[8] innocemment. Quelquefois cependant la peur le prenait, il avait des envies d'être avare; mais alors la petite femme venait vers lui en sautillant,[9] et lui disait:

«Mon mari,[10] qui êtes si riche! achetez-moi quelque chose de bien cher[11] . . .»

Et il lui achetait quelque chose de bien cher.

Cela dura ainsi pendant deux ans; puis, un matin, la petite femme mourut, sans qu'on sût[12] pourquoi, comme un oiseau . .

---

1. **que** 접속사. tellement que 대신 쓰인 것. 「재미날 만큼 잘도 녹아 없어졌다」의 뜻.
2. **lui** 주어 인칭대명사 3인칭 단수 il에 대한 강세형. moi, toi는 직접주어가 되지 못하고 je, tu로 반복되어야 하지만 lui는 직접 주어가 될 수 있으며 이 때 lui와 다음 동사 사이에 virgule의 사용은 임의.
3. **de peur de...** 「…할까 두려워서」.
4. **la**=cette mignonne créature.
5. **bien**=très. riches를 강조하는 부사.
6. **avec amour**=amoureusement.
7. **petit oiseau bleu** 일상 생활에 자주 쓰이는 짧은 형용사 petit의 위치는 명사 앞이고 색깔을 나타내는 형용사 bleu는 명사 뒤.
8. **lui mangeait le crâne** 인체의 부위를 가리킬 때는 소유형용사를 쓰지 않고 정관사를 쓰며 앞에 소유자를 나타내는 보어인칭대명사를 놓는 것이 습관이다. mangeait son crâne의 뜻이지만 그렇게 쓰지 않는다.
9. **en sautillant** sautiller의 gérondif. sautiller=faire de petits pas en dansant.
10. **mon mari** 상대방을 부른 말이므로 뒤에 오는 동사는 2인칭으로 일치.
11. **quelque chose de bien cher** quelque chose는 뒤에 형용사를 받을 때 사이에 전치사 de를 개입시키고 이 때 형용사는 중성으로 취급된다. bien은 cher를 강조한 부사.
12. **sût** savoir의 접속법 반과거. sans que 다음에는 접속법을 쓰며 mourut로 표현된 주동사의 과거시에 있어서 현재이기 때문에 sût도 반과거를 썼다. sans qu'on sût pourquoi 「그 이유도 모르게」.

Le trésor touchait à[1] sa fin; avec ce qui lui en[2] restait, le veuf fit faire[3] à sa chère morte un bel enterrement. Cloches[4] à toute volée,[5] lourds carrosses[4] tendus de noir, chevaux[4] empanachés, larmes[4] d'argent dans le velours, rien ne lui parut trop beau. Que lui importait son or maintenant! . . . Il en[6] donna pour l'église, pour les porteurs, pour les revendeuses d'immortelles;[7] il en[6] donna partout.

Aussi, en sortant du cimetière, il ne lui restait[8] presque plus rien de cette cervelle merveilleuse, à peine quelques parcelles aux parois du crâne.

Alors on le vit s'en aller[9] dans les rues, l'air égaré,[10] les mains en avant,[10] trébuchant[11] comme un homme ivre. Le soir, à l'heure où les bazards s'illuminent, il s'arrêta devant une large vitrine dans laquelle[12] tout un fouillis d'étoffes et de parures reluisait aux lumières, et resta là longtemps à regarder deux bottines de satin bleu bordées de duvet de cygne. «Je sais quelqu'un à qui[13] ces

---

1. **touchait à...**=était sur le point d'y arriver
2. **en**=de cela.
3. **fit faire** faire의 사역형 단순과거. 앞의 fit는 부정법인 faire와 사역형을 이루어 「…하게 했다」의 뜻.
4. **cloches..., lourds carrosses..., chevaux..., larmes...** 명사가 열거될 때는 관사를 생략할 수 있다. 이들 명사를 뒤의 rien으로 총괄해서 받고 있다.
5. **à toute volée** 「난타하는」.
6. **en**=de l'or
7. **les revendeuses d'immortelles** 「보릿대 국화꽃을 되받아 파는 여자 꽃장수」. 보릿대국화는 장례식용 화환을 꾸미는데 쓰인다.
8. **il restait** rester가 비인칭동사 반과거로 쓰인 것.
9. **on le vit s'en aller** 감각동사 vit의 직접목적보어는 부정법절 le s'en aller.
10. **l'air égaré, les mains en avant** 각각 상황보어로서 양태를 나타내는 것. 앞에 avec나 ayant을 보충해 볼 것.
11. **trébuchant** trébucher의 현재분사로서 여기서는 거의 en trébuchant과 같은 뜻이다.
12. **dans laquelle** 「그 속에서」. laquelle은 복합형의 관계대명사이며 선행사는 une large vitrine.
13. **à qui** 관계대명사 앞에 전치사가 필요할 때 관계대명사가 사람을 가리키는 것이면 qui를 쓰고 사물을 가리키는 것이면 lequel…형을 쓴다. 여기서 à는 faire plaisir à qn(…을 기쁘게 하다)에 걸린다.

bottines feraient[1] bien plaisir», se disait-il[2] en souriant; et ne se souvenant[3] déjà plus que la petite femme était morte, il entra pour les acheter.

Du fond de son arrière-boutique, la marchande entendit un grand cri; elle accourut et recula de peur[4] en voyant[5] un homme debout, qui s'accotait au comptoir et la regardait douloureusement d'un air hébété.[6] Il tenait d'une main les bottines bleues à[7] bordure de cygne, et présentait l'autre main toute sanglante,[8] avec des raclures d'or au bout des ongles.

Telle est, madame, la légende de l'homme à[7] la cervelle d'or.

*

Malgré ses airs de conte fantastique, cette légende est vraie d'un bout à l'autre . . . Il y a par[9] le monde de pauvres gens[10] qui sont condamnés à vivre de[11] leur cerveau, et paient en[12] bel or fin, avec leur moelle et leur substance, les moindres choses de la vie.[13] C'est pour eux une douleur de chaque jour; et puis, quand ils sont las de souffrir . . .

---

1. **feraient** faire의 조건법현재. 가정적인 사실을 표시하는 조건법. 이런 경우는 접속법 현재 fassent를 써도 같은 뜻을 지니는데 다만 조건법은 보다 일상적 구어적인 용법이고 접속법은 문어적 용법이다.
2. **se disait-il** 삽입절이기 때문에 주어 동사가 도치되었다.
3. **se souvenant** se souvenir의 현재분사.
4. **de peur** 「무서워서」. de는 원인·이유를 나타내는 전치사.
5. **en voyant** 동시성을 나타내는 voir의 gérondif.
6. **d'un air hébété** 양태의 상황보어.
7. **à** 특징의 전치사.
8. **toute sanglante** tout는 자음으로 시작되는 여성형용사 앞에 오면 성·수가 변하는 부사이다.
9. **par** 공간의 넓이를 가리키는 전치사. par le monde 「세상에는」.
10. **de pauvres gens** 「가엾은 사람들」. de는 형용사 앞에 있기 때문에 변형된 부정관사 복수의 des. pauvres는 명사 앞에 오면 「가엾은; 불쌍한」의 뜻. 뒤에 가면 「가난한」의 뜻.
11. **de** 수단을 나타내는 전치사.
12. **en...** 「…로」. 수단을 나타내는 전치사.
13. **les moindres choses de la vie** payer의 직설법현재 paient의 직접목적보어. les moindres petits의 최상급.

Les Trois Messes Basses[1]

Conte de Noël

I

«Deux dindes truffées, Garrigou? . . .

—Oui, mon révérend,[2] deux dindes magnifiques bourrées[3] de truffes. J'en[4] sais quelque chose, puisque c'est moi qui ai aidé à les remplir. On aurait dit que[5] leur peau allait craquer en rôtissant, tellement elle était tendue . . . .

—Jésus-Maria![6] moi qui aime tant les truffes! . . . Donne-moi vite mon surplis,[7] Garrigou . . . . Et avec les dindes, qu'est-ce que tu as encore aperçu à la cuisine? . . . .

—Oh! toutes sortes de bonnes choses . . . . Depuis midi nous n'avons fait que plumer[8] des faisans, des huppes,[9] des gelinottes,[10] des coqs de bruyère.[11] La plume en[12] volait partout . . . Puis de l'étang on a apporté des anguilles, des carpes dorées, des truites, des. . . .

---

1. **messes basses** 미사곡이 따르지 않는 독송미사를 messe basse, 이에 대립되는 대미사를 grand-messe 또는 messe chantée 라 한다.
2. **mon révérend** 「신부님」이라는 뜻의 신부에게 대한 존칭.
3. **bourrées** bourrer의 과거분사가 형용사로 쓰인 것. 과거분사가 형용사화하면 de+명사를 보어로 받을 경우 관사를 쓰지 않는다.
4. **en**=des dindes bourrées de truffes.
5. **On aurait dit que...** 「마치…같았다」. On eût dit 라고도 문어에서는 쓴다.
6. **Jésus-Maria!** 일종의 간투사.
7. **surplis** (성직자가 법의 위에 입는) 「중백의」.
8. **n'avons fait que plumer...** 「…의 털을 뽑기만 했읍니다」. ne faire que+부정법 (…하기만 하다).
9. **huppes** 「오디새」. 도가머리가 달린 철새의 일종.
10. **gelinottes** 「들꿩, 뇌조」 고급고기로서 불란서 사람들이 귀하게 여긴다.
11. **coqs de bruyère** gelinotte의 일종.
12. **La plume en** leur plume의 뜻이지만, 소유자가 사물이고 앞의 절에 있을 때는 피소유물을 나타내는 명사 앞에 소유형용사를 쓰지 않고 en을 명사 뒤에 붙인다.

—Grosses comment, les truites, Garrigou?

—Grosses comme ça, mon révérend. . . . Enormes!. . . .

—Oh! Dieu! il me semble que je les vois. . . . As-tu mis le vin dans les burettes?

—Oui, mon révérend, j'ai mis le vin dans les burettes. . . . Mais dame![1] il ne vaut pas celui que vous boirez tout à l'heure en sortant de la messe de minuit. Si vous voyiez cela dans la salle à manger du château, toutes ces carafes qui flambent pleines de vins de toutes les couleurs. . . . Et la vaisselle d'argent, les surtouts[2] ciselés, les fleurs, les candélabres! . . . Jamais il ne se sera vu un réveillon pareil. M. le marquis a invité tous les seigneurs du voisinage. Vous serez au moins quarante à table,[3] sans compter le bailli[4] ni le tabellion[5] . . . . Ah! vous êtes bien heureux d'en être, mon révérend! . . . Rien que d'avoir flairé ces belles dindes, l'odeur des truffes me suit partout. . . . Meuh!

—Allons, allons,[6] mon enfant.[7] Gardons-nous du péché de gourmandise, surtout la nuit de la Nativité[8] . . . . Va bien vite allumer les cierges et sonner le premier coup de la messe; car voilà que minuit est proche, et il ne faut pas nous mettre en retard[9]. . . . »

Cette conversation se tenait une nuit de Noël de l'an de grâce[10] mil six cent et tant,[11] entre le révérend dom[12] Balaguère, ancien

---

1. **dame**=ma foi. 사투리 또는 구어에서 강의적으로 사용되는 간투사.
2. **surtout** 부사가 아닌 명사로는 식탁 중앙에 꽃·과일을 담아 놓는 「장식그릇」.
3. **Vous serez au moins quarante à table** 「당신들은 적어도 40명이 식탁에 앉을 것입니다」; 「회식자가 적어도 40명은 될 것입니다」.
4. **bailli** 구제도하에서 왕이나 영주의 이름으로 재판하던 「대법관」.
5. **tabellion**=notaire. 6. **Allons, allons** 「바보같은 소릴 하는군」.
7. **mon enfant** 「자네」. 어린애라는 뜻이 아니라 친밀감을 가지고 허물없이 부르는 호칭.
8. **Nativité**=Noël.
9. **nous mettre en retard** 「늦게 가다」. se mettre en retard의 1인칭 복수형.
10. **l'an de grâce** ~「그리스도기원 …년」. 11. **tant** 「얼마」. 분명하게 표시할 수 없는 수를 나타낸다. 12. **dom** 「예하」. 베네딕트파, 카르트파 등에서 성직자를 부르는 경칭.

prieur[1] des Barnabites,[2] présentement chapelain[3] gagé des sires[4] de Trinquelage, et son petit clerc[5] Garrigou, ou du moins ce qu'il croyait être le petit clerc Garrigou, car vous saurez que le diable, ce soir-là, avait pris la face ronde et les traits indécis du jeune sacristain pour mieux induire le révérend père en tentation et lui faire commettre un épouvantable péché de gourmandise. Donc, pendant que le soi-disant Garrigou (hum! hum!) faisait à tour de bras carillonner les cloches de la chapelle seigneuriale, le révérend achevait de revêtir sa chasuble dans la petite sacristie du château; et, l'esprit déjà troublé par toutes ces descriptions gastronomiques, il se répétait à lui-même en s'habillant:[6]

«Des dindes rôties. . . des carpes dorées. . . des truites grosses comme ça!. . . . »

Dehors, le vent de la nuit soufflait en éparpillant la musique des cloches, et à mesure, des lumières apparaissaient dans l'ombre aux flancs du mont Ventoux,[7] en haut duquel s'élevaient les vieilles tours de Trinquelage. C'étaient des familles de métayers qui venaient entendre la messe de minuit au château. Ils grimpaient la côte en chantant par groupes de cinq ou six, le père en avant,[8] la lanterne en main,[8] les femmes enveloppées dans leurs grandes mantes brunes où les enfants se serraient et s'abritaient. Malgré l'heure et le froid, tout ce brave[9] peuple marchait allégre-

1. **prieur** 「소수도원장」.
2. **Barnabite** 「성바오로회원」.
3. **chapelain** 왕 또는 영주의 전속 성당의 「전속 신부」.
4. **sires** =seigneurs.
5. **clerc**=enfant de chœur.
6. **en s'habillant** s'habiller의 gérondif. 동시성을 나타낸다.
7. **mont Ventoux** 프로방스지방과 도피네지방 사이에 위치한 해발 1912 m의 산.
8. **le père en avant, la lanterne en main** 양태의 상황보어.
9. **brave** 명사 앞에 놓여 「충실한」의 뜻.

ment, soutenu par l'idée qu'[1] au sortir de la messe il y aurait, comme tous les ans, table mise pour eux en bas dans les cuisines. De temps en temps, sur la rude montée, le carrosse d'un seigneur, précédé[2] de porteurs de torches, faisait miroiter ses glaces au clair de lune, ou bien une mule trottait en agitant ses sonnailles, et à la lueur des falots enveloppés de brume les métayers reconnaissaient leur bailli et le saluaient[3] au passage:

«Bonsoir, bonsoir, maître Arnoton!

—Bonsoir, bonsoir, mes enfants!»

La nuit était claire, les étoiles avivées[4] de froid; la bise piquait, et un fin grésil,[5] glissant sur les vêtements sans les mouiller, gardait fidèlement la tradition des Noëls blancs de neige. Tout en haut de la côte, le château apparaissait comme le but, avec sa masse énorme de tours, de pignons,[6] le clocher de sa chapelle montant[7] dans le ciel bleu-noir, et une foule de petites lumières qui clignotaient, allaient, venaient, s'agitaient à toutes les fenêtres, et ressemblaient, sur le fond sombre du bâtiment, aux[8] étincelles courant[9] dans des cendres de papier brûlé. . . . Passé[10] le pont-levis et la poterne,[11] il fallait, pour se rendre[12] à la chapelle, traverser la première cour, pleine de carrosses, de valets, de chaises à porteurs, toute claire[13] du feu des torches et de la flambée des

1. **qu'**=que. 이하의 절이 명사 l'idée의 동격.
2. **précédé** précéder의 과거분사가 형용사로 사용된 것. 명사 le carrosse에 걸린다.
3. **saluaient** 동사 saluer는 우리말과 달라 「…에게 인사하다」를 saluer qn으로 쓴다.
4. **avivées** 앞의 étaient가 생략된 것.
5. **grésil** 「싸라기눈」.
6. **pignon** 「박공」. 뾰족한 삼각형을 이룬 벽의 위쪽 끝부분.
7. **montant**=qui montait. monter의 현재분사.
8. **aux**=à+les. à는 앞의 ressemblaient에 걸리는 선치사.
9. **courant**=qui couraient. courir의 현재분사.
10. **passé** passer의 과거분사. 선립성을 나타낸다.
11. **poterne**=porte secrète. 「암도」.
12. **se rendre**=aller
13. **toute claire** la première cour에 걸리는 형용사. toute는 claire를 강조하는 부사인데 자음으로 시작하는 여성 형용사 앞에 있으므로 여성 단수로 일치한 것.

cuisines. On entendait le tintement des tournebroches, le fracas des casseroles, le choc des cristaux et de l'argenterie remués dans les apprêts d'un repas; par là-dessus,[1] une vapeur tiède, qui sentait bon les chairs rôties et les herbes fortes des sauces compliquées, faisait dire aux métayers, comme au chapelain, comme au bailli, comme à tout le monde:

«Quel bon réveillon nous allons faire après la messe!»

II

Drelindin din!. . . . Drelindin din!. . . .

C'est la messe de minuit qui commence. Dans la chapelle du château, une cathédrale en miniature,[2] aux[3] arceaux entrecroisés, aux[3] boiseries de chêne, montant[4] jusqu'à hauteur des murs, les tapisseries ont été tendues, tous les cierges allumés.[5] Et que de monde! Et que de toilettes! Voici d'abord, assis dans les stalles sculptées qui entourent le chœur, le sire[6] de Trinquelage, en habit de taffetas saumon, et près de lui tous les nobles seigneurs invités. En face, sur des prie-Dieu garnis de velours, ont pris place la vieille marquise douairière[7] dans sa robe de brocart couleur de feu et la jeune dame de Trinquelage, coiffée d'une haute tour de dentelle gaufrée à la dernière mode de[8] la cour de France. Plus bas on voit, vêtus de noir avec de[9] vastes perruques en pointe et des visages rasés, le bailli Thomas Arnoton et le tabellion maître Ambroy, deux notes graves parmi les soies voyantes et les damas

1. **par là-dessus** 「그 위에」.
2. **une cathédrale en miniature** la chapelle du château와 동격.
3. **aux**=à+les. à는 특징을 나타내는 전치사.
4. **montant**=qui montaient.
5. **tous les cierges allumés**=tous les cierges ont été allumés.
6. **sire**=seigneur.
7. **douairière** 「죽은 남편이 남겨 놓은 과부재산을 향유하는」.
8. **à la dernière mode de…** 「…의 최신유행의」.
9. **de** des가 「형용사+명사」 앞에서 de로 변한 것.

brochés. Puis viennent les gras majordomes,[1] les pages,[1] les piqueurs, les intendants, dame Barbe, toutes ses clefs pendues sur le côté à un clavier[2] d'argent fin. Au fond, sur les bancs, c'est le bas office,[3] les servantes, les métayers avec leurs familles; et enfin, là-bas, tout contre[4] la porte qu'ils entrouvrent et referment discrètement, messieurs les marmitons[5] qui viennent entre deux sauces[6] prendre un petit air de messe[7] et apporter une odeur de réveillon dans l'église toute en fête et tiède de tant de cierges allumés.

Est-ce la vue des petites barrettes[8] blanches qui donne des distractions à l'officiant? Ne serait-ce pas plutôt la sonnette de Garrigou, cette enragée petite sonnette qui s'agite au pied de l'autel avec une précipitation infernale et semble dire tout le temps:

«Dêpéchons-nous, dépêchons-nous. . . . Plus tôt[9] nous aurons[10] fini, plus tôt nous serons à table.»

Le fait est que chaque fois qu'elle tinte, cette sonnette du diable,[11] le chapelain oublie sa messe et ne pense plus qu'au réveillon. Il se figure les cuisiniers en rumeur,[12] les fourneaux où brûle un feu de forge, la buée qui monte des couvercles entrouverts, et dans cette buée deux dindes magnifiques, bourrées, tendues,

---

1. **majordome** 「우두머리 하인」. **pages** 남성명사로는 「시동」이란 뜻.
2. **clavier** 「열쇠고리」.
3. **bas office** 「신분이 낮은 하인들」.
4. **tout contre** 「바로 곁에」.
5. **messieurs les marmitons** 「남자 부엌 하인들」.
6. **entre deux sauces** 「음식을 준비하는 틈틈이」.
7. **prendre un petit air de messe** 「미사에 잠깐 들르다」.
8. **barrettes**=bonnets.
9. **plus tôt..., plus tôt...** 「빨리…하면 할수록 빨리 …하다」.
10. **aurons fini** finir의 전미래 serons으로 표시되는 행위 이전에 완료되어 있을 행위를 나타낸다.
11. **cette sonnette du diable** 앞의 elle을 반복 설명한 것.
12. **en rumeur** 「웅성거리는, 왁자지껄 떠드는」

marbrées de truffes. . . .

Ou bien encore il voit passer des files de pages portant[1] des plats enveloppés de vapeurs tentantes, et avec eux il entre dans la grande salle déjà prête pour le festin. O délices! voilà l'immense table toute chargée et flamboyante, les paons habillés de leurs plumes, les faisans écartant[2] leurs ailes mordorées, les flacons couleur de rubis, les pyramides de fruits éclatants parmi les branches vertes, et ces merveilleux poissons dont[3] parlaint Garrigou (ah! bien oui, Garrigou!) étalés sur un lit de fenouil, l'écaille nacrée comme[4] s'ils sortaient de l'eau, avec un bouquet d'herbes odorantes dans leurs narines de monstres. Si vive est la vision de ces merveilles,[5] qu'il semble à dom Balaguère que tous ces plats mirifiques sont servis devant lui sur les broderies de la nappe d'autel, et deux ou trois fois, au lieu de *Dominus vobiscum*[6]! il se surprend à dire le *Benedicite*.[7] A part[8] ces légères méprises,[9] le digne homme débite son office très consciencieusement, sans passer une ligne, sans omettre une génuflexion; et tout marche assez bien jusqu'à la fin de la première messe; car vous savez que le jour de Noël le même officiant doit célébrer trois messes consécutives.

«Et d'une![10]» se dit le chapelain avec un soupir de soulagement;

---

1. **portant** =qui portent porter의 현재분사.
2. **écartant** =qui écartent. écarter의 현재분사.
3. **dont** de가 포함된 관계대명사. de는 parlait에 걸려서 dont의 선행사 ces merveilleux poissons과 연결해 주는 역할을 한다.
4. **comme s'** =comme si. 가정적 사실을 나타내는 절을 유도하며 그 뒤의 동사는 동시성을 나타내기 위해서는 직설법 반과거를 쓴다.
5. **Si vive est la vision de ces merveilles** 도치된 형식. 정상적인 위치로 환원해 보면 La vision de ces merveilles est si vive qu'il...
6. **Dominus vobiscum!** 미사 집전 중에 신부가 신도를 향해 여러 번 돌아서서 외우는 le Seigneur soit avec nous란 뜻의 라틴어 문귀.
7. **Benedicite** Bénissez의 뜻의 식전기도의 첫마디.
8. **A part**=excepté. 「...을 제외하고, …말고」.
9. **méprise** 「착각」.
10. **Et d'une!** =Et d'une messe!

puis, sans perdre une minute, il fait signe à son clerc ou celui qu'il croit être son clerc, et. . . .

Drelindin din!. . . . Drelindin din!

C'est la seconde messe qui commence, et avec elle commence aussi le péché de dom Balaguère.

«Vite, vite, dépêchons-nous, lui crie[1] de sa petite voix aigrelette[2] la sonnette de Garrigou, et cette fois le malheureux officiant, tout abandonné au démon de gourmandise, se rue sur le missel et dévore les pages[3] avec l'avidité de son appétit en surexcitation. Frénétiquement il se baisse, se relève, esquisse les signes de croix, les génuflexions, raccourcit tous ses gestes pour avoir plus tôt fini.[4] A peine s'il étend ses bras[5] à l'Évangile,[6] s'il frappe[7] sa poitrine au *Confiteor*.[8] Entre le clerc et lui c'est à qui bredouillera le plus vite.[9] Versets et répons[10] se précipitent, se bousculent. Les mots à moitié prononcés, sans ouvrir la bouche, ce qui prendrait trop de temps, s'achèvent en murmures incompréhensibles.

Oremus[11] *ps . . . ps . . . ps . . .*

Mea culpa. . . pa. . . pa. . . .[12]

---

1. **crie** 삽입절의 동사. 그 주어는 la sonnette de Garrigou.
2. **de sa petite voix aigrelette** 「그의 작고 날카로운 소리로」. de 는 양태를 나타내는 전치사.
3. **pages** 여기서는 여성명사이므로 「(미사 경본의) 페이지」.
4. **pour avoir plus tôt fini**=pour qu'il ait plus tôt fini. avoir fini 는 부정법과거로서 완료를 나타내므로 여기서는 미래에서의 행위의 완료를 나타내어 전미래에 해당한다.
5. **A peine s'il étend ses bras...** 「그는 거의 팔도 뻗지 않는다」. à peine si~(거의~않다 ; ~하는 것이 고작이다」.
6. **Evangile** 「미사 때 읽는 복음서의 일부」. 복음서의 한 페이지를 읽으면 avant-messe 가 끝난다.
7. **s'il frappe...** =à peine s'il frappe.... 주 5 참조.
8. **Confiteor** 미사 첫머리에 성시 다음에 신부가 낭송하는 고해의 기도를 가리키는 라틴어.
9. **c'est à qui bredouillera le plus vite** 「누가 먼저 알아듣기 힘들게 빨리 말하나 하는 경쟁이다」.
10. **versets et répons** 미사에서의 「창구(唱句)와 답창」.
11. **Oremus** 「기도합시다」하는 뜻의 라틴어인데 미사를 집전하는 도중에 신부가 여러번 반복해 쓴다.
12. **Mea culpa...pa...pa...** 고해의 기도의 말투 Mea culpa mea culpa, mea maxima culpa.

Pareils à des vendangeurs pressés foulant[1] le raisin de la cuve, tous deux barbotent dans le latin de la messe, en envoyant des éclaboussures de tous les côtés.

Dom. . . scum![2]. . . dit Balaguère.

. . . *Stutuo!*[3]. . . répond Garrigou; et tout le temps[4] la damnée petite sonnette est là qui tinte à leurs oreilles, comme ces grelots qu'on met aux chevaux de poste pour les faire galoper[5] à la grande vitesse. Pensez que de ce train-là une messe basse est vite expédiée.

«Et de deux!» dit le chapelain tout essoufflé; puis, sans prendre le temps de respirer, rouge, suant, il dégringole les marches de d'autel et. . . .

Drelindin din!. . . Drelindin din!. . .

C'est la troisième messe qui commence. Il n'y a plus que quelques pas à faire pour arriver à la salle à manger; mais, hélas! à mesure que le réveillon approche, l'infortuné Balaguère se sent pris d'une folie d'impatience et de gourmandise. Sa vision s'accentue, les carpes dorées, les dindes rôties sont là, là. . . . Il les touche. . . il les. . . . Oh! Dieu!. . . Les plats fument, les vins embaument; et, secouant son grelot enragé,[6] la petite sonnette lui crie:

=par ma faute, par ma faute. par ma très grande faute를 dom Balaguère가 급한 김에 줄여서 말한 것.

1. **foulant**=qui foulent.
2. **Dom ..scum!** dominus vobiscum을 짧게 외운 것.
3. **Stutuo!...** 답창 Et cum spiritu tuo=Et avec ton esprit를 줄인 것.
4. **tout le temps** 「줄곧」.
5. **les faire galoper** faire는 사역 동사. galoper의 주어는 les.
6. **secouant son grelot enragé** 상황보어. 이와 같이 상황보어절에 해당하는 현재분사의 주어는 원칙적으로는 주동사의 주어와 같아야 하나 때로는 이 원칙이 지켜지지 않아서 여기서와 같이 주동사의 주어와는 다른 주어를 가질 때가 있다. *Ex. Disant* cela et *mordant* une pêche, je vis luire ses dents d'ogresse. (그 여자가 이런 말을 하고 복숭아를 깨물 때 식인귀와 같은 이가 번쩍이는 것을 보았다).

«Vite, vite, encore plus vite!. . . . »

Mais comment pourrait-il aller plus vite? Ses lèvres remuent à peine. Il ne prononce plus les mots. . . . A moins de[1] tricher tout à fait le bon Dieu et de lui escamoter sa messe. . . . Et c'est ce qu'il fait,[2] le malheureux![3]. . . . De tentation en tentation, il commence par sauter un verset, puis deux. Puis l'épître[4] est trop longue, il ne la finit pas, effleure l'Évangile, passe devant le *Credo*[5] sans entrer, saute le *Pater*,[6] salue de loin la préface,[7] et par bonds et par élans se précipite ainsi dans la damnation éternelle, toujours suivi de l'infâme Garrigou (*vade retro, Satanas*![8]), qui le seconde avec une merveilleuse entente, lui relève sa chasuble, tourne les feuillets deux par deux,[9] bouscule les pupitres, renverse les burettes, et sans cesse secoue la petite sonnette de plus en plus fort, de plus en plus vite.

Il faut voir la figure effarée que font tous les assistants! Obligés de suivre à la mimique du prêtre cette messe dont[10] ils n'entendent pas un mot, les uns se lèvent quand les autres s'agenouillent, s'asseyent quand les autres sont debout; et toutes les phases de ce singulier office se confondent sur les bancs dans une foule d'attitudes diverses. L'étoile de Noël[11] en route dans les chemins du

---

1. **à moins de**=excepté si,... …하지 않는 한. *Ex.* Je ne ferai pas cela *à moins d'*être payé. (돈을 받지 않는한 그런 것은 하지 않겠어요).
2. **Et c'est ce qu'il fait** 「그런데 그는 그렇게 한다」.
3. **le malheureux!** 앞의 il 의 동격.
4. **épître** (미사 때 복음서에 앞서 낭독하는) 「사도서한」.
5. **Credo** 크레도. Je crois 의 뜻의 라틴어이며 사도신경의 첫마디인데 미사에서의 순서는 복음서 낭독 직후.
6. **Pater** 주기도문. père 의 뜻의 라틴어. 주기도문으로 미사의 일부인 canon 이 끝난다.
7. **préface** 감사송. 미사에서 canon 직전의 순서인데 Daudet 가 이 순서를 잘 못 알고 틀리게 썼다.
8. **vade retro, Satanas!** Arrière, Satan! 「사탄아, 물러가라!」의 뜻의 라틴어. 예수가 사탄의 유혹을 받았을 때 한 말을 암시한 것.
9. **deux par deux** 두장씩. par 는 배분을 나타내는 전치사.
10. **dont** de 를 포함한 관계대명사. un mot 와 앞의 cette messe 를 연결하여 pas un mot de cette messe 의 뜻이 되게 한다.
11. **L'Etoile de Noël** 동방박사 세 사람을 베들레헴의 마을로 인도한 기적의 별

ciel, là-bas, vers la petite étable, pâlit d'épouvante[1] en voyant[2] cette confusion. . . .

«L'abbé va trop vite. . . . On ne peut pas suivre», murmure la vieille douairière en agitant sa coiffe avec égarement.

Maître[3] Arnoton, ses grandes lunettes d'acier sur le nez,[4] cherche dans son paroissien où diantre[5] on peut bien en être. Mais au fond, tous ces braves gens, qui eux aussi pensent à réveillonner, ne sont pas fâchés que la messe aille[6] ce train de poste,[7] et quand dom Balaguère, la figure rayonnante,[8] se tourne vers l'assistance en criant[9] de toutes ses forces: *Ite, missa est*,[10] il n'y a qu'une voix dans la chapelle pour lui répondre un *Deo gratias*[11] si joyeux, si entraînant, qu'on se croirait[12] déjà à table au premier toast[13] du réveillon.

III

Cinq minutes après, la foule des seigneurs s'asseyait dans la grande salle, le chapelain au milieu d'eux. Le château, illuminé de haut en[14] bas, retentissait de chants, de cris, de rires, de rumeurs;

---

1. **d'épouvante** 「공포감에 사로잡혀서」. d'=de 는 원인을 나타내는 전치사.
2. **en voyant** voir 의 gérondif. 동시성을 나타낸다.
3. **Maître** 공증인에 대한 경칭.
4. **ses grandes lunettes d'acier sur le nez** 양태의 상황보어. 앞에 avec 나 ayant 이 있는 것으로 생각하면 알기 쉽다.
5. **diantre** 「참」, 「제기랄」의 뜻의 간투사. diable 의 다른 형태.
6. **aille** aller 의 접속법현재. 주절에 fâcher 동사가 있기 때문에 종속절에서는 접속법.
7. **train de poste** aller un train de poste 는 구어 표현으로 「급하게 진행되다」의 뜻.
8. **la figure rayonnante** 양태의 상황보어. 앞에 avec 나 avant 이 있는 것으로 생각하면 이해하기 쉽다.
9. **en criant** crier 의 gérondif. 동시성.
10. **Ite, missa est** 미사가 끝났음을 알리는 라틴어 문구.
11. **Deo gratias** grâces à Dieu! 의 뜻의 라틴어. Ite, missa est 에 대한 답창. 그러나 종교의식 아닌 일상생활에서는 너무 긴 연설이 끝났을 때 시원하다는 의사를 표시하는 데 많이 쓰인다.
12. **on se croirait** 「마치…같다」.
13. **toast** 영어에서 온 외래어. 「축배」의 뜻.
14. **de... en...** 「…에서 …까지」

et le vénérable dom Balaguère plantait sa fourchette dans une aile de gelinotte, noyant[1] le remords de son péché sous des flots de vin du pape[2] et de bon jus de viandes. Tant il but et mangea, le pauvre saint homme,[3] qu'il mourut dans la nuit d'[4] une terrible attaque, sans avoir eu seulement le temps de se repentir; puis, au matin, il arriva dans le ciel encore tout en rumeur des fêtes de la nuit, et je vous laisse à penser comme[5] il y fut reçu.

«Retire-toi de mes yeux, mauvais chrétien! lui dit le souverain Juge, notre maître à tous.[6] Ta faute est assez grande pour effacer toute une vie de vertu. . . . Ah! tu m'[7] as volé une messe de nuit. . . . Eh bien! tu m'en[8] payeras[9] trois cents en place, et tu n'entreras[9] en paradis que quand tu auras célébré[10] dans ta propre chapelle ces trois cents messes de Noël en présence de tous ceux qui ont péché par ta faute et avec toi. . . .»

. . . Et voilà la vraie légende de dom Balaguère comme on la raconte au pays des olives. Aujourd'hui le château de Trinquelage n'existe plus, mais la chapelle se tient encore droite tout en haut[11] du mont Ventoux, dans un bouquet[12] de chênes verts.[13] Le vent fait battre sa porte disjointe, l'herbe encombre le seuil; il y a des nids aux angles de l'autel et dans l'embrasure des hautes croisées

---

1. **noyant** =et il noyait. 「산 포도주.
2. **vin du pape** Avignon에서 12km거리에 있는 유명한 포도산지 Château-Neuf du Pape
3. **le pauvre saint homme** 앞의 il을 반복 설명한 것.
4. **d'**=de. 원인을 나타내는 전치사.
5. **comme**=comment.
6. **notre maître à tous** le souverain Juge의 동격 à tous는 notre를 강조한 표현.
7. **m'**=me. 간접목적보어. 「나에게서」.
8. **en** 뒤의 trois cents의 보어. en...trois cents=trois cents messes.
9. **payeras; entreras** 미래형으로서 명령으로 쓰인 것.
10. **tu auras célébré** célébrer의 전미래. entreras로 나타낸 행위 이전에 완료되어 있을 행위를 나타낸다. 「이 안된다.
11. **tout en haut** 「맨 위에 ; 맨 꼭대기에」. haut의 h가 유음이므로 en과 haut는 liaison
12. **bouquet**=petit bois.
13. **chênes verts** 털가시나무. yeuse라고도 한다.

dont[1] les vitraux coloriés ont disparu depuis longtemps. Cependant il paraît que tous les ans, à Noël, une lumière surnaturelle erre parmi ces ruines, et qu'en allant aux messes et aux réveillons, les paysans aperçoivent ce spectre de chapelle éclairé de cierges invisibles qui brûlent au grand air, même sous la neige et le vent. Vous en[2] rirez si vous voulez, mais un vigneron de l'endroit, nommé Garrigue, sans doute un descendant de Garrigou, m'a affirmé qu'un soir de Noël, se trouvant[3] un peu en ribote,[4] il s'était perdu dans la montagne du côté de Trinquelage; et voici ce qu'il avait vu. . . . Jusqu'à onze heures, rien.[5] Tout était silencieux, éteint, inanimé. Soudain, vers minuit, un carillon sonna tout en haut du clocher, un vieux, vieux carillon qui avait l'air d'[6]être à dix lieues. Bientôt, dans le chemin qui monte, Garrigue vit trembler des feux, s'agiter des ombres indécises.[7] Sous le porche de la chapelle, on marchait, on chuchotait:

«Bonsoir, maître Arnoton!

—Bonsoir, bonsoir, mes enfants!. . . »

Quand tout le monde fut entré, mon[8] vigneron, qui était très brave, s'approcha doucement et, regardant[9] par la porte cassée, eut un singulier spectacle. Tous ces gens qu'il avait vus passer[10]

---

1. **dont** de가 포함된 관계대명사. les vitraux coloriés와 des hautes croisées를 연결하여 les vitraux coloriés de hautes croisées가 되게 한다.
2. **en**=de cela. rire de qc.(…을 비웃다).
3. **se trouvant**=comme il se trouvait.
4. **en ribote**=en état d'ivresse. se trouver en ribote (취해 있다)라는 뜻의 속어 표현.
5. **rien** 주어・동사가 생략된 표현. il n'y avait 또는 il ne voyait가 생략된 것으로 볼 수 있다.
6. **avait l'air d'** avoir l'air de 「…처럼 보이다」의 반과거형. 「의 직접목적보어.
7. **trembler des feux, s'agiter des ombres indécises** 각각 부정법절로서 각각동사 vit
8. **mon** 소설이나 이야기에서 등장한 인물을 가리킬 때 흔히 소유형용사를 사용한다.
9. **regardant** regarder의 현재분사. 여기서는 en regardant과 거의 같은 뜻.
10. **qu'il avait vus passer** passer는 앞의 qu'=que=tous ces gens을 주어로 하여 부정법절을 이루어 avait vus의 직접목적보어가 된다. avait vus는 조동사가 avoir이므로 앞의 직접목적보어에 성・수 일치.

étaient rangés autour du chœur, dans la nef en ruine, comme si[1] les anciens bancs existaient encore. De[2] belles dames en[3] brocart avec des coiffes de dentelle, des seigneurs chamarrés du haut en bas, des paysans en[3] jaquettes fleuries ainsi qu'[4] en avaient nos grands-pères, tous[5] l'air vieux, fané, poussiéreux, fatigué. De temps en temps, des oiseaux de nuit, hôtes[6] habituels de la chapelle, réveillés par toutes ces lumières, venaient rôder autour des cierges dont[7] la flamme montait droite et vague comme si elle avait brûlé derrière une gaze; et ce qui amusait beaucoup Garrigue, c'était un certain personnage à[8] grandes lunettes d'acier, qui secouait à chaque instant sa haute perruque noire sur laquelle[9] un de ces oiseaux se tenait droit tout empêtré en battant silencieusement des ailes. . . .

Dans le fond, un petit vieillard de taille enfantine, à genoux[10] au milieu du chœur, agitait désespérément une sonnette sans grelot et sans voix, pendant qu'un prêtre, habillé de vieil or, allait, venait devant l'autel, en récitant des oraisons dont on n'entendait pas un mot. . . . Bien sûr c'était dom Balaguère, en train de dire sa troisième messe basse.

---

1. **comme si** 「마치…처럼」.
2. **de** des가 「형용사+명사」 앞에서 de로 변형된 것.
3. **en** 착의를 나타내는 전치사.
4. **ainsi qu'**=ainsi que=comme.
5. **tous** de belles dames, des seigneurs, des paysans의 동격으로 걸린 대명사. 발음은 [tus].
6. **hôtes** des oiseaux de nuit의 동격명사.
7. **dont** de가 포함된 관계대명사. des cierges와 la flamme를 연결하여 la flamme des cierges의 뜻.
8. **à** 특징을 나타내는 전치사.
9. **sur laquelle** 「그 위에」. 성·수를 변화하는 대명사 laquelle의 선행사는 sa haute perruque noire. 사물을 선행사로 받은 관계대명사 앞에 전치사가 붙을 때에는 lequel, laquelle…형을 쓴다.
10. **à genoux** 「무릎을 꿇고」.
11. **dont** 여기에 포함된 de가 선행사 des oraisons과 entendait의 직접 목적보어 un mot를 연결하여 un mot des oraisons이 된다

Les Deux Auberges

C'[1]était en revenant[2] de Nîmes,[3] un après-midi de juillet. Il faisait une chaleur accablante. A perte de vue,[4] la route blanche, embrasée, poudroyait entre les jardins d'oliviers et de[5] petits chênes, sous un grand soleil d'argent mat qui remplissait tout le ciel. Pas une tache d'ombre,[6] pas un souffle de vent. Rien que[7] la vibration de l'air chaud et le cri strident des cigales, musique folle, assourdissante, à temps pressés,[8] qui semble la sonorité même de cette immense vibration lumineuse . . . Je marchais en plein désert[9] depuis deux heures, quand tout à coup, devant moi, un groupe de maisons blanches se dégagea de la poussière de la route. C'était ce qu'on appelle le relais de Saint-Vincent: cinq ou six *mas*,[10] de longues granges à toiture rouge,[11] un abreuvoir sans eau dans un bouquet[12] de figuiers maigres, et, tout au bout du pays, deux grandes auberges qui se regardent[13] face à face de chaque côté du chemin.[14]

---

1. **C'**=Ce. 다음에 이야기하는 것을 막연하게 지시.
2. **en revenant** revenir의 gérondif. gérondif의 주어는 원래 주동사의 주어와 같으나 여기서는 예외.
3. **Nîmes** Paris 동남방 694 km에 위치한 Gard 현 현청 소재지. A. Daudet의 고향. Daudet의 moulin에서 서쪽으로 약 40 km.
4. **A perte de vue** Hors de la portée de la vue, très loin.
5. **de** des가 형용사+복수명사 앞에서 de로 변한 것.
6. **Pas une tache d'ombre**=Il n'y avait pas une tache d'ombre.
7. **Rien que**=Il y avait seulement.
8. **musique folle......pressés** 앞의 le cri strident des cigales와 동격. à temps pressés (빠른 박자의).
9. **en plein désert** 「사막의 한복판을」.
10. **mas** 프로방스 방언으로 ferme 「농가」라는 뜻. 발음은 [mɑ:s]
11. **à toiture rouge** 「빨간 지붕을 가진」. à는 특징을 나타내는 전치사.
12. **bouquet**=petit bois.
13. **se regardent** 「서로 바라보는」. 상호적 대명동사. se regardent face à face (마주 바라보는).
14. **de chaque côté du chemin** 「길의 양쪽에」.

Le voisinage de ces auberges avait quelque chose[1] de saisissant. D'un côté,[2] un grand bâtiment neuf,[3] plein de vie, d'animation, toutes les portes ouvertes,[4] la diligence arrêtée devant,[5] les chevaux fumants qu'on dételait, les voyageurs descendus buvant[6] à la hâte sur la route dans l'ombre courte des murs; la cour encombrée de mulets, de charrettes; des rouliers couchés sous les hangars en attendant *la fraîche.*[7] A l'intérieur des cris,[8] des jurons,[8] des coups de poing sur les tables,[8] le choc des verres,[8] le fracas des billards,[8] les bouchons de limonade qui sautaient,[8] et, dominant tout ce tumulte, une voix joyeuse, éclatante,[8] qui chantait à[9] faire trembler les vitres:

La belle Margoton[10]
Tant matin[11] *s'est levée,*
A pris son broc d'argent,
A l'eau s'en est allée . . .

. . . L'auberge d'en face, au contraire, était silencieuse et comme abandonnée. De l'herbe[12] sous le portail, des volets cassés, sur la porte un rameau de petit houx tout rouillé qui pendait comme un vieux panache, les marches du seuil calées avec des pierres de la route[12] . . . Tout cela si pauvre, si pitoyable, que[13] c'était

1. **quelque chose** 부정대명사. 형용사를 붙일 때는 그 사이에 de를 쓰며, 중성으로 취급되어 형용사는 불변.
2. **d'un côté** 「한 편에는」.
3. **un grand bâtiment neuf** 주어 동사가 생략된 문장. Il y avait un grand bâtiment neuf 또는 On voyait un grand bâtimant neuf의 뜻.
4. **toutes les portes ouvertes** 생략된 문장. toutes les portes étaient ouvertes 또는 On voyait toutes les portes ouvertes의 뜻.
5. **devant** 부사. 「(건물) 앞에」.
6. **buvant**=qui buvaient. boire의 현재분사. 7. **la fraîche** 「서늘한 시각」.
8. **des cris......** 주어 동사가 생략된 문장. 앞에 on entendait를 보충해 볼 것.
9. **à** 정도를 나타내는 전치사.
10. **Margoton** Marguerite의 애칭인 Margot에 대한 더욱 친밀한 호칭.
11. **Tant matin** 「꼭두 새벽에」. matin은 「아침 일찌」의 뜻을 가진 부사.
12. **De l'hebe......** 생략문.
13. **Tout cela si pauvre, si pitoyable, que**=Tout cela était si pauvre, si pitoyable, que.

une charité vraiment de s'arrêter là pour boire un coup.

*

En entrant, je trouvai une longue salle déserte et morne, que[1] le jour[2] éblouissant de trois grandes fenêtres sans rideaux fait plus morne et plus déserte[3] encore. Quelques tables boiteuses où traînaient des verres ternis par la poussière, un billard crevé qui tendait ses quatre blouses[4] comme des sébiles,[5] un divan jaune, un vieux comptoir, dormaient là dans une chaleur malsaine et lourde. Et des[6] mouches! des[6] mouches! jamais je n'en[7] avais tant vu: sur le plafond, collées aux vitres, dans les verres, par grappes[8] . . . Quand j'ouvris la porte, ce fut un bourdonnement, un frémissement d'ailes comme si j'[9]entrais dans une ruche.

Au fond de la salle, dans l'embrasure d'une croisée, il y avait une femme debout[10] contre la vitre, très occupée à regarder[11] dehors. Je l'appelai deux fois:

«He! l'hôtesse!»

Elle se retourna lentement, et me laissa voir une pauvre figure[12] de paysanne, ridée, crevassée, couleur de terre, encadrée dans de longues barbes[13] de dentelle rousse comme en[14] portent les vieilles

---

1. **que** 관계대명사. 선행사는 une longue salle fait의 직접목적보어.
2. **le jour** 「햇빛」.
3. **plus morne et plus déserte** fait의 직접목적보어 que의 속사. que의 선행사 une longue salle의 성·수를 따라 여성 단수로 일치.
4. **blouses** 「당구대 포켓」
5. **sébiles** 「나무 공기; (거지의)쪽박」.
6. **des** 부정관사 복수. 다수를 나타낸다.
7. **en**=des mouches.
8. **par grappes** 「빽빽하게」.
9. **comme si** 가정적 사실을 유도하는데 쓰이며 그 뒤의 동사는 동시성을 나타내는데는 직설법 반과거를 쓴다.
10. **debout** 부사. 여기서는 형용사적으로 쓰이고 있으나 성·수는 불변.
11. **occupée à regarder** 「내다보는데 바쁜」.
12. **me laissa voir une pauvre figure** 「나에게 볼품없는 얼굴을 보였다」.
13. **de longues barbes** de는 원래는 부정관사 복수인 des였으나 「형용사+복수명사」 앞에 왔기 때문에 de로 변한 것. barbes는 복수일 때 「여자용 두건의 끄트머리 자락」.
14. **en**=de longues barbes

de chez nous.[1] Pourtant ce n'était pas une vieille femme; mais les larmes l'avaient toute fanée.

«Qu'est-ce que vous voulez? me demanda-t-elle[2] en essuyant ses yeux.

—M'asseoir un moment et boire[2] quelque chose . . . »

Elle me regarda très étonnée,[4] sans bouger de sa place, comme si[5] elle ne comprenait pas.

«Ce n'est donc pas une auberge ici?»

La femme soupira:

«Si[6] . . . c'est une auberge, si vous voulez[7] . . . Mais pourquoi n'allez-vous pas en face comme les autres? C'est bien plus gai . . .

—C'est trop gai pour moi . . . J'aime mieux rester chez vous.»

Et, sans attendre sa réponse, je m'installai devant une table.

Quand elle fut bien sûre que je parlais sérieusement, l'hôtesse se mit[8] à aller et venir d'[9]un air très affairé, ouvrant[10] des tiroirs, remuant[10] des bouteilles, essuyant[10] des verres, dérangeant[10] les mouches . . . On sentait que ce voyageur à servir[11] était tout un événement. Par moments la malheureuse s'arrêtait, et se prenait

---

1. **chez nous** 「우리 지방」.
2. **me demanda-t-elle** 대화 내용이 아니고 질문인 삽입절이므로 주어 동사 도치.
3. **M'asseoir...et boire...** 앞의 Qu'est-ce que vous voulez?를 받아서 *Je voudrais* m'asseoir...et boire...로 걸리는 부정법
4. **étonnée** 주어 elle의 동격형용사. 해석할 때는 부사처럼 해 주면 편하다.
5. **comme si** 앞 페이지 주 9 참조.
6. **Si** 부정 의문에 대하여 긍정의 대답을 할 때는 Oui가 아니라 Si. 부정의 대답을 할 때는 Non.
7. **si vous voulez** 「만일 그렇게 말씀하시고 싶다면」.
8. se **mit** se mettre의 직설법 단순과거. se mettre à+inf=commencer à+inf.
9. **d'**=de. 양태를 나타내는 전치사.
10. **ouvrant..., remuant..., essuyant..., dérangeant...** 주어 l'hôtesse와 동격처럼 쓰인 현재분사로서 상황보어.
11. **ce voyageur à servir** 「음식을 차려 주어야 할 이 나그네」. **à는 여기서 필요·의무를** 나타내는 전치사.

la tête[1] comme si elle désespérait d'en venir à bout.[2]

Puis elle passait dans la pièce du fond; je l'entendais remuer[13] de grosses clefs, tourmenter[3] des serrures, fouiller[3] dans la huche au pain, souffler,[3] épousseter, laver[3] des assiettes. De temps en temps, un gros soupir, un sanglot mal étouffé[4] . . .

Après un quart d'heure de ce manège, j'eus devant moi une assiettée de[5] *passerilles* (raisins secs), un vieux pain de Beaucaire[6] aussi dur que du[7] grès, et une bouteille de piquette.

«Vous êtes servi[8]», dit l'étrange créature; et elle retourna bien vite prendre sa place devant la fenêtre.

Tout en buvant,[9] j'essayai de la faire causer.[10]

«Il ne vous vient[11] pas souvent du monde, n'est-ce pas, ma pauvre femme?

—Oh! non, monsieur,[12] jamais personne[13] . . . Quand nous étions seuls dans ce pays, c'était différent: nous avions le relais, des repas de chasse pendant le temps des macreuses, des voitures

---

1. **se prenait la tête** 「(자기의) 머리를 쥐었다」. 신체의 부위를 나타내는 명사에는 일반적으로 정관사를 붙이고 그 소유자는 동사 앞에 간접보어 인칭대명사를 써서 표시한다.
2. **désespérait d'en venir à bout** désespérer de+inf. (할 수 없다고 단념하다). venir à bout de... (…을 끝장내다; 끝까지 해치우다). en=de cela. 앞 문장의 내용을 받은 대명사.
3. **je l'entendais remuer..., tourmenter..., fouiller..., souffler..., épousseter laver...** 이들 부정법은모두 l'(=la=hôtesse)를 주어로 하여 부정법절을 만들고, 이 부정법절이 각각동사 entendais의 직접목적보어.
4. **un gros soupir, un sanglot mal étouffé...** 생략문. 앞에 on entendait가 생략된 것으로 생각할 수 있다.
5. **une assiettée de...** 「한 접시(une assiette)분량의」. *cf.* une cuiller (숟가락). une cuillerée (한 숟가락(의 분량)). un poing (주먹), une poignée 한 줌.
6. **Beaucaire** Daudet의 moulin이 있는 Fontvieille와 Nîmes사이에 Rhône강에 면해 있는 도시명.
7. **du** 부분관사.
8. **Vous êtes servi** 「식사 준비가 다 되었읍니다; 상 다 차렸어요」.
9. **Tout en buvant** en buvant은 boire의 gérondif로 동시성을 나타내며 tout에 의해서 강조.
10. **la faire causer** faire는 사역동사. causer의 주어는 faire의 직접 목적보어인 la.
11. **Il...vient** venir의 비인칭 용법. Il은 비인칭 주어. du monde (사람들).
12. **Oh! non, monsiur** 부정의문에 대해서 부정의 대답을 할 때는 non「예」.
13. **jamais personne** ne vient이 생략된 것.

toute l'année . . . Mais depuis que les voisins sont venus s'établir, nous avons tout perdu. Le monde aime mieux aller en face. Chez nous, on trouve que c'est trop triste . . . Le fait est que[1] la maison n'est pas bien agréable. Je ne suis pas belle, j'ai les fièvres,[2] mes deux petites[3] sont mortes . . . Là-bas, au contraire, on rit tout le temps. C'est une Arlésienne qui[4] tient l'auberge, une belle femme[5] avec des dentelles et trois tours de chaîne d'or au cou. Le conducteur, qui est son amant, lui[6] amène la diligence. Avec ça un tas d'enjôleuses pour chambrières . . . Aussi, il lui[6] en[7] vient de la pratique! Elle a toute la jeunesse[8] de Bezouces,[18] de Redessan,[9] de Jonquières.[9] Les rouliers font un détour pour passer par chez elle . . . Moi, je reste ici tout le jour, sans personne, à me consumer.[10]»

Elle disait cela d'[11]une voix distraite, indifférente, le front toujours appuyé contre la vitre. Il y avait évidemment[12] dans l'auberge d'en face quelque chose qui la préoccupait . . .

Tout à coup, de l'autre côté de la route, il se fit[13] un grand mouvement. La diligence s'ébranlait dans la poussière. On entendait des coups de fouet, les fanfares du postillon, les filles accourues sur

---

1. **Le fait est que...** 「사실은 …이다」.
2. **les fièvres** 간헐열. **avoir les fièvres** ((학질따위) 간헐열이 있다). 보통 열이 있다는 뜻으로는 avoir (de) **la fièvre.**
3 **mes deux petites**=mes **deux** petites filles.
4. **C'est une Arlésienne qui...** C'est...qui는 주어를 강조하는 구문. 주어 이외의 문의 요소를 강조할 때는 c'est...que. Arlésienne는 Arles 출신의 여자.
5. **une belle femme...** une Arlésienne의 동격.
6. **lui**=à l'Arlésienne.
7. **en**=de la pratique. 이 경우 en은 아무 의미 없이 허용사적으로 쓰인 것. pratique (고객).
8. **la jeunesse**=les jeunes gens.
9. **Bezouces, Redessan, Jonquières** Gard현의 Nîmes의 북 또는 동북에 있는 인구 1~2천명의 면 이름.
10. **à me consumer** 동사 reste와 연결되어 주어 je의 속사로서 계속되는 행위를 나타낸다.
11. **d'**=de. 방식·양태의 상황보어를 유도하는 전치사.
12. **évidemment** 발음 [evidamɑ̃]에 주의.
13. **il se fit** se faire의 비인칭 용법. il은 비인칭 주어.

la porte qui criaient:

«Adiousias![1]. . . adiousias! . . . » et par là-dessus[2] la formidable voix de tantôt[3] reprenant[4] de plus belle:[5]

A pris son broc d'argent,
A l'eau s'en est allée,
De là n'a vu[6] venir
Trois chevaliers d'armée . . .

. . . A cette voix, l'hôtesse frissonna de tout son corps, et se tournant[7] vers moi:

«Entendez-vous, me dit-elle tout bas, c'est mon mari. . . N'est-ce pas qu'il chante bien?[8]»

Je la regardai, stupéfait.[9]

«Comment? votre mari!. . . Il va donc là-bas, lui aussi?»

Alors elle, d'un air navré, mais avec une grande douceur:

«Qu'est-ce que vous voulez, monsieur?[10] Les hommes sont comme ça, ils n'aiment pas voir pleurer; et moi je pleure toujours depuis la mort des petites . . . Puis, c'est si triste cette grande baraque où il n'y a jamais personne . . . Alors, quand il s'ennuie trop, mon pauvre José va boire en face, et comme il a une belle voix,

---

1. **Adiousias**=Adieu!
2. **par là-dessus** 「그 위에」.
3. **tantôt**=tout à l'heure 「조금 전」. 여기서는 명사로서 voix 의 한정보어.
4. **reprenant**=qui reprenait.
5. **de plus belle**=de nouveau et encore plus forte.
6. **De là n'a vu** n'=ne 는 부정으로 쓰인 것이 아니고 là 와 a vu 의 모음충돌을 피하기 위해 넣은 의미 없는 허사
7. **se tournant** se tourner 의 현재분사.
8. **N'est-ce pas qu'il chante bien?**=Il chante bien, n'est-ce pas?
9. **stupéfait** 주어 Je에 걸리는 형용사.
10. **Qu'est-ce que vous voulez, monsieur?** 「무엇을 원하십니까?→할 수 없지 않습니까?」

l'Arlésienne le fait chanter.[1] Chut! . . . le voilà qui recommence.»

Et, tremblante,[2] les mains en avant,[3] avec de grosses larmes qui la faisaient encore plus laide, elle était là comme en extase devant la fenêtre à écouter[4] son José chanter[5] pour l'Arlésienne:

Le premier lui a dit:
«Bonjour, belle mignonne!»

1. **le fait chanter** fait는 사역동사. 부정법 chanter의 주어는 le.
2. **tremblante** 주어 elle에 걸리는 형용사.
3. **les mains en avant** 양태의 상황보어. 앞에 avec나 ayant을 보충해서 생각해 보면 이해하기 쉽다.
4. **à écouter** 동사 était와 연결되며 주어 elle의 속사로서 계속적 행위를 나타낸다.
5. **son José chanter** 부정법절 écouter의 직접목적보어.

Nostalgies de Caserne

Ce matin, aux premières clartés de l'aube, un formidable roulement de tambour me réveille[1] en sursaut . . . Ran plan plan! Ran plan plan! . . .

Un tambour dans mes pins[2] à pareille heure! . . . Voilà qui[3] est singulier, par exemple.[4]

Vite, vite, je me jette à bas de mon lit et je cours ouvrir la porte.

Personne[5]! Le bruit s'est tu . . Du[6] milieu des lambrusques mouillées, deux ou trois courlis s'envolent en secouant[7] leurs ailes . . . Un peu de brise chante dans les arbres . . . Vers l'orient, sur la crête fine des Alpilles,[8] s'entasse une poussière d'or[9] d'où le soleil sort lentement . . . Un premier rayon frise déjà le toit du moulin. Au même moment, le tambour, invisible, se met à battre aux champs[10] sous le couvert[11] . . Ran . . . plan . . plan, plan, plan!

Le diable soit de la peau d'âne![12] Je l'avais oubliée.[13] Mais enfin,

---

1. **réveille** réveiller의 직설법현재. 과거의 일을 독자의 눈 앞에 생생하게 보여주기 위한 이른바 역사적 현재.
2. **pins** 여기서는 pinède(솔밭)의 뜻.
3. **voilà qui** 「그 것은」. 이 qui는 사물을 가리키는데 쓰인다.
4. **par exemple** 구어에서 놀라움을 나타내는 간투사처럼 쓰인다.
5. **personne**=il n'y a personne.
6. **du**=de+le. de「…로부터, …에서」.
7. **en secouant** secouer의 gérondif로서 동시성을 나타내는 것.
8. **les Alpilles** 프로방스 지방 Rhône강과 Durance강 사이 Crau평야 북쪽에 위치한 산맥.
9. **s'entasse une poussière d'or** 장소를 나타내는 상황보어가 문두에 있기 때문에 주어와 동사가 도치된 것.
10. **battre aux champs** 「경례 북을 울리다」.
11. **sous le couvert** 「안 보이는 그늘에서」.
12. **Le diable soit de la peau d'âne!** 구어에서 흔히 욕설로 쓰이는 말. Le diable soit de, Au diable soit 또는 단순히 Au diable! 의 표현으로 「악마에게나 물려가라」 또는 「죽어라」하는 뜻. la peau d'âne는 당나귀 가죽을 멘 북.
13. **l'avais oubliée** l'=la=la peau d'âne가 직접목적보어로서 과거분사보다 앞에 있기 때문에 대과거의 과거분사 oublié의 어미가 일치해서 e가 붙는다.

quel est donc le sauvage qui vient saluer[1] l'aurore au fond des bois avec un tambour? . . . J'ai beau regarder,[2] je ne vois rien . . . rien que[3] les touffes de lavande, et les pins qui dégringolent jusqu'en bas sur la route . . . II y a peut-être par-là,[4] dans le fourré, quelque lutin caché en train de[5] se moquer de moi . . . C'est Ariel,[6] sans doute, ou maître Puck.[7] Le drôle se sera dit,[8] en passant devant mon moulin:

«Ce Parisien est trop tranquille là-dedans, allons[9] lui donner l'aubade.»

Sur quoi,[10] il aura pris[11] un gros tambour, et . . . ran plan plan! . . . ran plan plan! . . . Te tairas-tu,[12] gredin de Puck![13] tu vas réveiller mes cigales.

*

Ce n'était pas Puck.

C'était Gouguet François, dit[14] Pistolet, tambour[15] au 31e de

---

1. **saluer** 이 동사는 우리 말의 습관과 달라서 직접목적보어를 받는다. 「소용없다)。
2. **j'ai beau regarder** j'essaie en vain de regarder. 「avoir beau+부정법」 (아무리…해도
3. **rien que**=seulement.
4. **par là** 「저 쪽으로」.
5. **en train de** 여기서는 qui est en train de se moquer de moi의 뜻.
6. **Ariel** Shakespeare의 《Tempest》에 나오는 대기의 요정.
7. **Puck** 프리슬란드인, 앵글족, 주트족의 전설에 나오는 악마의 이름. 장난꾸러기이지만 악의는 없고 때로는 도움이 되기까지 하며 영국의 미신에서는 Robin Goodfellow라는 이름으로 나타난다. Shakespeare가 《Midsummer-Night's Dream》에 등장시켰다.
8. **se sera dit** 「생각했겠지」. se dire의 전미래형. 전미래는 미래의 어떤 행위를 기점으로 해서 그 이전에 완료되어 있는 행동을 표현하는데도 쓰이지만 여기서는 과거에 있은 일의 추측을 나타낸다. 「로서 사용되고 있다.
9. **allons** aller의 명령법. 여기에서는 「자」 하는 뜻으로 독촉 내지 격려를 나타내며 간투사
10. **sur quoi** 「그리고 나서」.
11. **aura pris** prendre의 전미래로서 과거의 사실에 대한 추측.
12. **te tairas-tu** se taire의 단순미래 의문형. 구어에서는 단순미래의 의문형 또는 현재의 의문형은 명령을 나타내는데 쓰인다.
13. **ce gredin de Puck** 여기서 de는 구어에서 동격을 만들어주는 것이며 특별한 의미는 없다. gredin과 Puck는 동격.
14. **dit** dire의 과거분사. 「…라고 보통 불리는, …라는 별명을 가진」의 뜻.
15. **tambour** 여기서는 「북」이 아니고 「북을 치는 고수」.

ligne,[1] et pour le moment en congé de semestre. Pistolet s'ennuie au pays, il a des nostalgies, ce tambour, et—quand on veut bien[2] lui prêter l'instrument[3] de la commune—il s'en va, mélancolique, battre la caisse dans les bois, en rêvant de la caserne du Prince-Eugène.[4]

C'est sur ma petite colline verte qu'[5]il est venu rêver aujourd'hui . . . Il est là, debout contre un pin, son tambour entre ses jambes et s'en donnant à cœur joie[6] . . . Des vols de perdreaux effarouchés partent à ses pieds sans qu'il s'en aperçoive.[7] La férigoule[8] embaume autour de lui, il ne la sent pas.

Il ne voit pas non plus[9] les fines toiles d'araignées qui tremblent au soleil entre les branches, ni les aiguilles de pin qui sautillent sur son tambour. Tout entier à[10] son rêve et à sa musique, il regarde amoureusement voler ses baguettes, et sa grosse face niaise s'épanouit de[11] plaisir à chaque roulement.

Ran plan plan! Ran plan plan! . . .

«Qu'[12]elle est belle, la grande caserne, avec sa cour aux larges dalles,[13] ses rangées de fenêtres bien alignées, son peuple[14] en bonnet

---

1. **ligne**=régiment d'infanterie 「보병연대」.
2. **on veut bien** 「…해 주신다」.
3. **l'instrument**=l'instrument de musique 「악기」. 여기서는 경찰이 배치되지 않은 시골 면에서 경찰업무를 대행하는 garde champêtre가 주민에게 무엇을 알릴 때 쓰기 위해서 면사무소에 비치해 둔 북.
4. **Prince-Eugène**=Napoléon III. 병영에는 Prince나 Général이 이름을 붙였다.
5. **c'est...que** ~ 강조의 어법.
6. **s'en donnant** s'en donner의 gérondif로서 주절의 동사의 행동과의 동시성을 나타낸다. s'en donner à cœur joie=jouir pleinement de qc=s'y adonner sans retenue 「마음껏 즐기다」.
7. **sans qu'il s'en aperçoive** 접속사구 sans que 뒤에서는 동사가 접속법이어야 한다. en=de cela는 s'apercevoir de로 연결된다.
8. **la férigoule** 「페리굴 초(草)」.
9. **non plus** 긍정의 aussi의 부정형에 해당한다.
10. **tout entier à...**=être tout entier à...(…에 심취하다).
11. **de...** 「…때문에, …로」. 원인·이유를 나타내는 전치사.
12. **qu'**=que. 「얼마나」. 감탄의 부사.
13. **aux larges dalles** 「넓은 포석을 깐」. aux의 à는 특징.
14 **peuple** 여기서는 militaires, soldats

de police,[1] et ses arcades basses pleines du[2] bruit des gamelles! . . »

Ran plan plan! Ran plan plan! . . .

«Oh! l'escalier sonore, les corridors peints à[3] la chaux, la chambrée odorante, les ceinturons qu'on astique, la planche au pain,[4] les pots de cirage, les couchettes de fer à couverture grise, les fusils qui reluisent au râtelier!»

Ran plan plan! Ran plan plan!

«Oh! les bonnes journées du corps de garde,[5] les cartes qui poissent aux doigts, la dame de pique[6] hideuse avec des agréments à la plume,[7] le vieux Pigault-Lebrun[8] dépareillé qui traîne sur le lit de camp! . . . »

Ran plan plan! Ran plan plan! . . .

«Oh! les longues nuits de faction à la porte des ministères,[9] la vieille guérite où la pluie entre, les pieds qui ont froid![10] . . . les voitures de gala[11] qui vous[12] éclaboussent en passant! . . . Oh! la corvée supplémentaire, les jours de bloc, le baquet puant,[13]

---

1. **en bonnet de police** 전치사 en은 착용을 나타낸다. bonnet de police는 부대 내에서 쓰는 모자. 외출시에 쓰는 것은 képi.
2. **pleines du** 보통 형용사에 명사가 보어로 걸릴 때 명사에 관사를 생략하지만 보어명사가 한정되면 de 다음에 관사를 쓴다.
3. **à** 수단을 나타내는 전치사.
4. **la planche au pain** 사병들은 각자 빵을 이 판 위에 얹어 놓았다가 식사시간이 되면 가지고 식당으로 간다. à는 용도를 나타내는 전치사.
5. **corps de garde** 「경비대」.
6. **la dame de pique** 「스페이드의 여왕」. la pique(카아드의 스페이드).
7. **à la plume** 「펜으로 그린」. à는 수단.
8. **Pigault-Lebrun** 불란서의 통속작가. 1753~1835. 《L'Enfant du Carnaval》등 많은 장편 소설과 희곡을 썼다. 여기서는 관사가 붙어서 그의 작품이라는 뜻으로 쓰이고 있다.
9. **des ministères** 정부 각부에 위병이 파견되는 것을 말하고 있다.
10. **qui ont froid** avoir froid(춥다). avoir는 관사를 붙이지 않은 명사와 함께 써서 동사구를 이룬다.
11. **voitures de gala** 「호화롭게 꾸민 마차」.
12. **vous éclaboussent** 여기서 vous는 불특정인을 가리키는 것으로서 on에 대한 목적보어이다. 주어 on 은 주어로서만 쓰이고 그 목적보어 대명사형이 재귀대명사형 밖에는 따로 없기 때문에 nous나 vous를 대신 쓴다.
13. **le baquet puant** 여기서는「영창의 오줌통」.

l'oreiller de planche,[1] la diane froide par[2] les matins pluvieux, la retraite dans les brouillards à l'heure où le gaz s'allume, l'appel du soir où l'on arrive essoufflé! »

Ran plan plan! Ran plan plan!· · ·

«Oh! le bois de Vincennes,[3] les gros gants de coton blanc, les promenades sur les fortifications . . . Oh! la barrière de l'Ecole,[4] les filles[5] à soldats, le piston du Salon de Mars,[6] l'absinthe dans les bouis-bouis,[7] les confidences entre deux hoquets,[8] les briquets qu'on dégaine, la romance sentimentale chantée une main sur le cœur![9]. . . »

*

Rêve, rêve,[10] pauvre homme! ce n'est pas moi qui t'en[11] empêcherai . . . tape hardiment sur ta caisse, tape à tour de bras.[12] Je n'ai pas le droit de te trouver ridicule.

Si[13] tu as la nostalgie de ta caserne, est-ce que, moi, je n'ai pas la nostalgie de la mienne?

---

1. **l'oreiller de planche** 영창에서는 베개도 없이 마루에 누워 자야 하므로 「판자 베개」라고 한 것.
2. **par** 기상조건을 나타내는 전치사.
3. **le bois de Vincennes** Paris의 동쪽 경계지역에 있는 유명한 숲으로서 지금은 공원으로 쓰이고 있다. 12세기에 축조된 성이 있는데 그것은 19세기 중엽에 Paris 방어의 보루가 되고 그 후 병영이 되기도 했다.
4. **l'Ecole** Vincennes의 포병 공병학교.
5. **filles** 원래 소녀라는 뜻이었으나 그 후에 창녀라는 뜻으로도 사용되어 지금은 소녀라는 뜻으로는 보통 jeune를 붙여 jeune fille로 쓴다. filles à soldats 「군인상대의 창녀」.
6. **le piston du Salon de Mars.** 원래 Mars는 마르스군신이지만 여기서는 영업체의 이름으로 「군신관, 군신정」 정도의 뜻이고 piston은 악기 코오넷.
7. **bouis-bouis** 쇼를 구경하고 저속한 음악을 들으면서 식사를 하는 이른바 café-concert.
8. **les confidences entre deux hoquets** 술에 취해서 딸꾹질을 하는 사이 사이에 털어 놓는 비밀 이야기.
9. **une main sur le cœur** 「한 손을 가슴에 대고」. 앞에 avec나 ayant을 보충해 보면 이해하기 쉽다.
10. **rêve** rêver의 명령법 2인칭 단수.
11. **en**=de cela.
12. **à tour de bras**=de toute la force du bras.
13. **si** 두 가지 사실을 동시에 성립시켜 대립의 뜻을 갖게 하는 접속사.

Mon Paris me poursuit jusqu'ici comme le tien.[1] Tu joues du tambour sous les pins, toi! Moi j'y fais de la[2] copie . . . Ah! les bons Provençaux que nous faisons![3] Là-bas, dans les casernes de Paris, nous regrettons nos Alpilles bleues et l'odeur sauvage des lavandes; maintenant, ici, en pleine Provence, la caserne nous manque,[4] et tout ce qui la rappelle nous est cher! . . .

*

Huit heures sonnent au village. Pistolet, sans lâcher ses baguettes, s'est mis en route[5] pour rentrer . . . On l'entend descendre[6] sous le bois, jouant toujours . . . Et moi, couché dans l'herbe, malade de nostalgie, je crois voir, au bruit du tambour qui s'éloigne, tout mon Paris défiler entre les pins . . .

Ah! Paris! . . . Paris! . . . Toujours Paris!

---

1. **le tien**=ton Paris.
2. **de la** 부분관사.
3. **les bons Provençaux que nous faisons!** Provençaux는 Provençal의 복수형. faisons은 faire의 직설법 현재. que는 「참으로」라는 영탄을 나타내는 것. 「우리는 참으로 선량한 프로방스 사람이다!」
4. **manque** manquer의 직설법 현재. manquer à...(…이 그립다).
5. **s'est mis en route**=est parti.
6. **on l'entend descendre** 「그가 내려가는 것이 들린다」. l'=le. 감각동사 entend의 목적보어는 l'...descendre라는 부정법절.

Contes du Lundi

La Dernière Classe

Récit d'un petit Alsacien[1]

Ce matin-là, j'étais très en retard[2] pour aller à l'école, et j'avais grand-peur[3] d'être grondé, d'autant que[4] M. Hamel nous avait dit qu'il[5] nous interrogerait[6] sur les participes, et je n'en savais pas le premier mot.[7] Un moment l'idée me vint de[8] manquer la classe et de prendre ma course à travers champs.

Le temps était si chaud, si clair!

On[9] entendait les merles siffler[10] à la lisière du bois, et dans le

---

1. **Alsacien** 불란서의 동북지방 Alsace인. 형용사는 소문자로 alsacien(알자스의). 보불전쟁(1870~1871)에 패해서 이 지방이 독일에 점령당하고 불란서인 교사들은 추방되었다.
2. **être en retard** 「지각하다」.
3. **grand-peur** avoir peur(de~)「(…을)겁내다」. 고어에서는 grand이 남·여성 구별이 되지 않아서 여성명사 앞에서도 남성형이 사용되던 것이 그대로 남은 형태. *Ex.* grand-mère(할머니), grand-route(공도).
4. **d'autant que...** 「…이므로」. 원인관계를 강조하는 접속사구로 직설법을 요구.
5. **avait dit qu'il** dire의 직설법 대과거. 과거시제로 표현된 동작·상태보다 전에 끝난 일을 나타낸다.
6. **interrogerait** interroger의 조건법 현재. 주절이 과거일 때 종속절에서 그 보다 미래의 일을 표현할 때는 조건법현재 변화를 쓰는데 이것을 과거미래라고 한다.
7. **je n'en savais pas le premier mot**=je ne savais pas le premier mot des participes.
8. **l'idée me vint de...** 「…라는 생각이 떠 올랐다」. vint은 venir의 단순과거.
9. **on** 이런 경우에는 특정인을 가리키는 것이 아니고 중점이 동사에 걸려 있으므로 우리말로는 on을 해석하지 말고 수동형으로 바꿔 해석하는 것이 낫다.
10. **entendait les merles siffler** entendait는 감각동사이므로 그 다음에 부정법절이 직접목적보어가 되었다. 여기서는 on entendait가 les merles siffler와 les Prussiens qui faisaient l'exercice 양쪽에 걸린다.

pré Rippert,[1] derrière la scierie, les Prussiens qui faisaient l'exercice. Tout cela me tentait bien plus que la règle des partcipes; mais j'eus la force de résister, et je courus bien vite[2] vers l'école.

En passant[3] devant la mairie, je vis qu'il y avait du monde[4] arrêté près du petit grillage aux affiches.[5] Depuis deux ans, c'est de là que nous sont venues[6] toutes les mauvaises nouvelles, les batailles perdues,[7] les réquisitions,[7] les ordres[7] de la commandature;[8] et je pensai sans m'arrêter:

«Qu'est-ce qu'il y a encore?»

Alors, comme[9] je traversais la place en courant, le forgeron Wachter, qui était là avec son apprenti en train de lire l'affiche, me cria:

«Ne te dépêche pas tant, petit;[10] tu y[11] arriveras toujours[12] assez tôt à ton école!»

Je crus qu'il se moquait de moi, et j'entrai tout essoufflé dans la petite cour de M. Hamel.

D'ordinaire, au commencement de la classe, il se faisait[13] un grand tapage qu'on entendait jusque dans la rue, les pupitres ou-

---

1. **le pré Rippert**=le pré appartenant à Rippert.
2. **bien vite** 「빨리」. bien은 부사 vite를 강조하는 부사.
3. **en passant** passer의 gérondif. 주절의 동사 vis와 동시에 일어나는 행동을 나타낸다.
4. **du monde**=un certain nombre de personnes. du는 부분관사.
5. **le grillage aux affiches** 「철망을 덮은 게시판」. à는 용도, 목적을 나타내는 전치사.
6. **c'est de là que nous sont venues** 여기서는 c'est...que의 구문에 의해서 de là가 강조되어 있다. de là(그 곳으로부터). c'est...que가 있기 때문에 주어 동사가 도치되어 동사인 sont venues가 앞에 오고 그 주어인 toutes les mauvaises nouvelles은 뒤로 갔다. nous는 간접목적보어.
7. **les batailles perdues, les réquisitions, les ordres ..,** 주어인 toutes les mauvaises nouvelles의 동격.
8. **la commandature** 독일군의 사령부.
9. **comme**=quand, lorsque.
10. **petit** 「꼬마야」. 부른 말이기 때문에 관사 생략.
11. **y**=à ton école.
12. **toujours** 「어쨌든, 아뭏든」의 뜻. 「내용상의 주어.
13. **il se faisait** se faire가 비인칭으로 쓰인 것. il이 형식상의 주어, un grand tapagc가

verts, fermés, les leçons qu'on répétait très haut[1] tous[2] ensemble en se bouchant les oreilles pour mieux apprendre, et la grosse règle du maître qui tapait sur les tables:

«Un peu de silence!»

Je comptais sur tout ce train[3] pour gagner mon banc sans être vu;[4] mais, justement, ce jour-là,[5] tout était tranquille, comme un matin de dimanche. Par la fenêtre ouverte, je voyais mes camarades déjà rangés à leurs places, et M. Hamel, qui passait et repassait avec la terrible règle en[6] fer sous le bras. Il fallut ouvrir la porte et entrer au milieu de ce grand calme. Vous pensez si[7] j'étais rouge et si j'avais peur!

Eh bien![8] non. M. Hamel me regarda sans colère[9] et me dit très doucement:

«Va vite à ta place, mon petit Franz;[10] nous allions commencer[11] sans toi.»

J'enjambai le banc et je m'assis tout de suite à mon pupitre. Alors seulement, un peu remis de[12] ma frayeur, je remarquai que notre maître avait[13] sa belle redingote verte, son jabot plissé fin et la calotte de soie noire brodée qu'il ne mettait que[14] les jours d'in-

---

1. **haut** 여기서는 부사.
2. **tous** 여기서는 대명사이므로 어미 s가 발음되며 on에 걸린다. 따라서 on의 내용은 복수
3. **train**=tapage. 요즘에는 train이 tapage, bruit의 뜻으로 쓰이는 일은 거의 없다.
4. **être vu** 「들키다, 목격되다」. voir의 수동형 부정법.
5. **ce jour-là** 「그날」. 「ce+명사-là」는 강세형.
6. **en** 재료를 나타내는 전치사
7. **vous pensez si...** 「얼마나…인지 상상할 수 있겠지요」. 이야기하는 사람이 판단하는 것을 보류하고 독자에게 판단을 맡기는 것을 나타낸다.
8. **Eh bien!** 대답의 시작에 쓰이면 「그런데 실은」하는 뜻으로 대답을 강조.
9. **sans colère** 전치사 sans 뒤에 관사 없는 추상명사가 붙어서 일종의 부사구가 된 것.
10. **mon petit Franz** 소유형용사는 때로 친밀감을 표현하는 감정적 가치를 지니고 petit도 여기서는 꼬마라는 뜻이 아니라 「친애하는」이란 뜻이다.
11. **nous allions commencer** 과거에서의 가까운 미래.
12. **remis de** remis는 remettre의 과거분사로서 calmé의 뜻. de...(…에서).
13. **avait** 여기서의 반과거는 과거현재로 쓰인 것.
14 **ne...que**=seulement

spection ou de distribution de prix.[1] Du reste, toute la classe avait quelque chose d'extraordinaire[2] et de solennel.[3] Mais ce qui me surprit le plus, ce fut de voir[4] au fond de la salle, sur les bancs qui restaient vides d'habitude,[5] des gens du village assis et silencieux comme nous, le vieux Hauser avec son tricorne, l'ancien maire, l'ancien facteur, et puis d'autres personnes encore. Tout ce monde-là[6] paraissait triste; et Hauser avait apporté[7] un vieil abécédaire mangé aux bords qu'il tenait grand ourvert[8] sur ses genoux, avec ses grosses lunettes posées en travers[9] des pages.

Pendant que je m'étonnais de tout cela, M. Hamel était monté[10] dans sa chaire, et de la même voix douce et grave dont[11] il m'avait reçu, il nous dit:

«Mes enfants, c'est la dernière fois que je vous fais la classe. L'ordre est venu de Berlin[12] de ne plus enseigner que l'allemand dans les écoles de l'Alsace et de la Lorraine . . . Le nouveau maître arrive[13] damain. Aujourd'hui, c'est votre dernière leçon de

---

1. **jour de distribution de prix** 「상품수여식 날」. 보통 졸업식에 상품을 수여하므로 졸업식 날이란 뜻.
2. **quelque chose de...** 「무엇인가 …인 것, 어떤 …한 것」. 부정대명사 quelque chose에 보어로 형용사가 걸릴 때는 사이에 de가 들어가고 이 때는 중성으로 취급되어 형용사의 성·수는 변화하지 않는다.
3. **solennel** 발음 [sɔlanɛl]에 주의.
4. **ce fut de voir** c'est, il est 따위 비인칭 표현에서 사실상의 주어가 부정법일 경우에는 일반적으로 부정법 앞에 de를 쓴다.
5. **d'habitude**= d'ordinaire.
6. **ce monde-là** 「그 사람들」.
7. **avait apporté** 「가져와 있었다」. apporter의 대과거로서 tenait 보다 이전에 이루어진 행위를 나타내고 있다.
8. **grand ouvert** 「활짝 펴서」. grand이나 ouvert나 모두 형용사이지만 부사로 쓰인 것.
9. **en travers**=transversalement 「비스듬히」.
10. **était monté** monter의 대과거. monter의 조동사는 être.
11. **dont** 전치사 de가 포함된 관계대명사. il m'avait reçu de la voix douce et grave라고 쓰는 대신 dont으로 de la voix...를 바꿔 놓았다.
12. **l'ordre est venu**=l'ordre de ne plus enseigner que l'allemand est venu de Berlin. 주어 l'ordre...가 동사 est venu에 비해서 너무 길어, 균형을 맞추기 위해 보어인 **de ne plus...**를 떼어서 동사 뒤에 가져간 것. 「로 나타낼 수 있다.
13. **arrive** arriver의 직설법 현재. 구어에서 확실성을 가진 가까운 미래의 일을 직설법현재

français. Je vous prie d'être bien attentifs.»

Ces quelques paroles me bouleversèrent. Ah! les misérables,[1] voilà ce qu'ils avaient affiché à la mairie.

Ma dernière leçon de français! . . .

Et moi qui[2] savais[3] à peine[4] écrire! Je n'apprendrais donc jamais![5] Il faudrait donc en rester là![6] . . . Comme[7] je m'en voulais maintenant du[8] temps perdu, des classes manquées à[9] courir les nids ou à[9] faire des glissades sur la Saar![10] Mes livres que tout à l'heure encore je trouvais si ennuyeux, si lourds à porter, ma grammaire, mon histoire sainte me semblaient à présent de vieux amis[11] qui me feraient[12] beaucoup de peine à quitter. C'est comme M. Hamel![13] L'idée qu'il allait partir, que[14] je ne le verrais[15] plus, me faisait oublier les punitions, les coups de règle.

Pauvre homme!

C'est en l'honneur de cette dernière classe qui'il avait mis ses beaux habits du dimanche, et maintenant je comprenais pourquoi

---

1. **les misérables** 「비열한 자들, 나쁜 자들」. 뒤의 ils이 받고 있다.
2. **et moi qui** 문장 첫머리에 et가 있고 et...qui의 구조를 쓰면 감정적 용법이 되어 「그런데…은…」의 뜻이 된다. *Ex.* Et moi qui ne me doutais de rien.(그런데 나는 조금도 의문을 갖지 않았었구나).
3. **savais** 부정법을 동반할 때 savoir는 흔히 pouvoir의 뜻이 된다.
4. **à peine** 「겨우, 거의…아니다」.
5. **je n'apprendrais donc jamais!**=je crus que je n'appendrais... apprendrais는 조건법 현재로서 과거미래
6. **en rester là**=ne pas aller plus avant, ne pas progresser 「…에 그치다」.
7. **comme**=combien
8. **je m'en voulais** s'en vouloir의 직설법 반과거. s'en vouloir de...(…을 후회하다). 뒤의 du temps, des classes에 걸린다.
9. **à** 원인·이유를 나타내는 전치사.
10. **la Saar** 불란서와 프러시아 사이에 있는 강 이름.
11. **de vieux amis** de는 des가 형용사 앞에서 변형된 것.
12. **feraient** faire의 조건법 현재.
13. **C'est comme M. Hamel** 현재동사. 이 것은 독자의 눈 앞에 생생하게 보여주기 위한 역사적 현재.
14. **l'idée que...** 「…라는 생각」. que 이하는 idée의 동격절.
15. **verrais** voir의 조건법 현재로서 추측을 나타낸 것.

ces vieux du village étaient venus s'asseoir au bout de la salle. Cela semblait dire qu'ils regrettaient de ne pas y être venus[1] plus souvent, à cette école. C'était aussi comme une façon de remercier notre maître de ses quarante ans de bons services, et de rendre leurs devoirs[2] à la patrie qui s'en allait . . .

J'en étais là de[3] mes réflexions, quand j'entendis appeler mon nom.[4] C'était mon tour de réciter. Que n'aurais-je pas donné[5] pour pouvoir dire tout au long[6] cette fameuse règle des participes, bien haut, bien clair, sans une faute? Mais je m'embrouillai aux premiers mots, et je restai debout à me balancer dans mon banc, le cœur gros,[7] sans oser lever la tête. J'entendais M. Hamel qui me parlait:

«Je ne te gronderai[8] pas, mon petit Franz, tu dois être assez puni[9] . . . voilà ce que c'est.[10] Tous les jours on se dit: «Bah![11] j'ai bien le temps. «J'apprendrai demain.» Et puis tu vois ce qui arrive[12] . . . Ah! ç'a été[13] le grand malheur de notre Alsace de toujours

---

1. **ne pas y être venus** 「거기에 오지 않았던 것」. être venus는 venir의 부정법과거로서 주동사의 행동을 나타낸 시칭보다 전에 있었던 행동의 완료를 나타낸다. y만으로는 모호하므로 뒤에 à cette école을 반복해서 분명하게 했다.
2. **de rendre leur devoirs à** rendre ses devoirs à...(…에게 경의를 표하다). de는 façon에 걸린다.
3. **j'en étais là de...** 「나의 …은 그쯤됐다」. 일의 진척상황을 나타내는 숙어.
4. **j'entendis appeler mon nom** 여기서 appeler의 주어는 on인데 표시되어 있지 않다.
5. **que n'aurais-je pas donné** donner의 조건법현재 부정의문형. pour pouvoir dire를 조건으로 볼 수 있다.
6. **tout au long**=avec détail 「상세하게」.
7. **le cœur gros** 「슬퍼서」. 상황보어.
8. **gronderai** 어조를 완화하기 위해서 현재 대신 쓴 gronder의 단순미래.
9. **tu dois être assez puni** 「너는 충분히 벌받았을 것이다」.
10. **voilà ce que c'est** 「그 결과가 바로 이것이다. 당장 대답을 못하고 쩔쩔매고 있지 않느냐」 하는 뜻.
11. **Bah!** 감탄문 첫머리에서 무관심을 나타내어 「까짓것!」 하는 뜻. 놀라움, 의심을 나타낼 때도 있다.
12. **ce qui arrive** 간접의문 종속절.
13. **ç'a été**=ça a été=cela a été. 뒤에 나오는 de...remettre...를 예고하는 형식상의 주어. 내용상의 주어는 de toujours remettre son instruction...

remettre son instruction à demain. Maintenant ces gens-là sont en droit de nous dire: «Comment! Vous prétendiez être Français,[1] et vous ne savez ni lire ni écrire votre langue!» Dans tout ça, mon pauvre Franz,[2] ce n'est pas encore toi le plus coupable.[3] Nous avons tous[4] notre bonne part[5] de reproches à nous faire.

«Vos parents n'ont pas assez tenu[6] à vous voir instruits.[7] Ils aimaient mieux vous envoyer travailler à la terre[8] ou aux filatures pour avoir quelques sous de plus.[9] Moi-même, n'ai-je rien à[10] me reprocher? Est-ce que je ne vous ai pas souvent fait arroser mon jardin au lieu de travailler? Et quand je voulais aller pêcher des truites, est-ce que je me gênais pour vous donner congé? . . .»

Alors, d'une chose à l'autre,[11] M. Hamel se mit à nous parler de la langue française, disant[12] que c'était[13] la plus belle langue du monde, la plus claire, la plus solide; qu'il fallait[14] la garder entre

---

1. **Français** 직업, 신분, 국적의 뜻의 속사로 쓰이는 명사에는 보통 관사가 붙지 않는다.
2. **mon pauvre Franz** 부르는 말. mon은 애정·친밀감을 표시하는 소유형용사. pauvre도 별 뜻 없이 애정, 친밀감을 표현하여 「귀여운; 사랑스러운」의 뜻.
3. **Ce n'est pas encore toi le plus coupable**=ce n'est pas encore toi qui sois le plus coupable.
4. **tous** 대명사이기 때문에 [tus]로 발음되며 주어 nous에 관련된다.
5. **bonne part** 「상당한 몫, 상당한 할당량」. bon은 여기서처럼 꽤 많은 분량을 나타낼 때가 있다.
6. **tenu** tenir의 과거분사. ont tenu는 복합과거. tenir à...=avoir un extrême désir de... 「열망하다」는 뜻의 간접타동사.
7. **vous voir instruits** instruire의 과거분사인 instruits는 주동사의 목적보어인 대명사 vous의 속사로 쓰인 형용사로 볼 수 있다.
8. **à la terre**=aux champs.
9. **sous de plus** sous는 5 centimes. 100 centimes=20 sous=1 franc. 여기서 quelques sous라는 것은 비유적으로 「약간의 돈; 몇푼의 돈」이란 뜻. 「명사+de plus」는 몇개를 더 보탤 때 쓰는 표현.
10. **n'ai-je rien à** 「avoir à+부정법」=devoir+부정법(…해야 한다). ne가 rien과 함께 쓰일 때는 부정의 부사 pas는 생략.
11. **à l'autre**=à l'autre chose.
12. **disant**=et il dit.
13. **c'était** 반과거가 쓰인 것은 간접화법에서 주동사의 시제가 과거이기 때문에 과거현재로 썼기 때문이다. 따라서 우리말로 해석할 때는 현재로 하면 된다.
14. **qu'il fallait** disant que로 연결되는 것. il fallait는 falloir의 반과거. 용법은 주 13참조.

nous et ne jamais l'oublier, parce que, quand[1] un peuple tombe esclave,[2] tant qu'il tient bien sa langue, c'est comme s'[3]il tenait la clef de sa prison[4] . . . Puis il prit une grammaire et nous lut notre leçon. J'étais étonné de voir comme je comprenais.[5] Tout ce qu'il disait me sembalit facile, facile. Je crois aussi que je n'avais jamais si bien écouté et que lui non plus n'avait jamais mis autant de patience à ses explications. On aurait dit qu'[6]avant de s'en aller le pauvre homme voulait nous donner tout son savoir, nous le[7] faire entrer dans la tête d'un seul coup.

La leçon finie,[8] on passa à l'écriture. Pour ce jour-là, M. Hamel nous avait préparé des exemples tout neufs, sur lesquels était écrit en belle ronde:[9] *France, Alsace, France, Alsace.* Cela faisait comme des petits drapeaux qui flottaient tout autour de la classe, pendus à la tringle[10] de nos pupitres. Il fallait voir comme chacun s'appliquait, et quel silence! On n'entendait rien que le grincement des plumes sur le papier. Un moment des hannetons[11] entrèrent; mais personne n'y fit attention, pas même les tout petits[12] qui s'appliquaient à tracer leurs *bâtons*, avec un cœur,[13] une conscience,

---

1. **quand** 여기서는 「비록…이라 할지라도, …일 때라도」라는 가정의 뜻.
2. **tombe esclave**=devient subitement esclave.
3. **comme si** 이 다음의 동사는 현재나 미래를 나타낼 때는 대과거 또는 조건법과거 제 2형을 쓴다.
4. 原註. 《S'il tient sa langue, il tient la clef qui, de ses chaînes, le délivre》—*F Mistral.*
5. **comme je comprenais** comme는 「얼마나」. comprenais는 과거현재.
6. **on aurait dit que** dire의 조건법과거. 과거 사실에 관해서 「마치 …같았다」는 뜻. on eût dit 라고도 한다.
7. **le**=tout son savoir.
8. **la leçon finie** finie는 finir의 과거분사로서 주문의 주어가 아닌 고유의 주어 la leçon을 가진 독립분사절. 「그 학과가 끝나고」의 뜻.
9. **en belle ronde** 「아름답고 둥그런 서체로」.
10. **tringle** 책을 세워놓기 위해 책상에 달린 가로막대기.
11. **hannetons** 「풍뎅이」. h가 유음이므로 des와 liaison해서는 안된다.
12. **les tout petits** 여기서 tout는 부사. 부사는 보통 형용사나 동사나 또는 다른 부사에 걸리지만 때로 명사에 걸릴 수도 있다. petits는 원래 형용사이지만 여기서는 명사로 쓰이고 있다.
13. **avec un cœur**=avec ardeur 「열심히」. avec가 추상명사와 함께 부사구를 만들 때는 명사 앞에 관사를 안 붙이지만 부분관사를 붙이면 극도를 나타내어 「몹시」란 뜻이 된다.

comme si[1] cela encore était du[2] français . . . Sur la toiture de l'école, des pigeons roucoulaient tout bas, et je me disais en les écoutant:[3]

«Est-ce qu'on ne va pas les obliger à chanter[4] en allemand, eux aussi?»

De temps en temps, quand je levais les yeux de dessus ma page, je voyais M. Hamel immobile dans sa chaire et fixant[5] les objets autour de lui, comme s'il avait voulu emporter dans son regard toute sa petite maison d'école . . . Pensez! depuis quarante ans, il était là à la même place, avec sa cour en face de lui et sa classe toute pareille. Seulement les bancs, les pupitres s'étaient polis, frottés par l'usage; les noyers de la cour avaient grandi, et le houblon[6] qu'il avait planté lui-même enguirlandait maintenant les fenêtres jusqu'au toit. Quel crève-cœur ça devait être[7] pour ce pauvre homme de quitter toutes ces choses, et d'entendre sa sœur qui allait, venait, dans la chambre au-dessus,[8] en train de fermer leurs malles! Car ils devaient partir le lendemain, s'en aller du pays pour toujours.[9]

Tout de même, il eut le courage de nous faire la classe jusqu'au bout. Après l'écriture, nous eûmes la leçon d'histoire; ensuite les petits chantèrent tous ensemble le BA BE BI BO BU. Là-bas, au fond

---

1 **comme si** 가정의 표현으로서 현재에 관해서는 지선법 반과거를 쓴다.
2. **était du** être de...는 「…에 속하다」는 뜻으로 소속을 표시하는데 쓰인다.
3. **en les écoutant** les는 앞의 des pigeons을 대신 가리킨 말. en écoutant은 écouter의 현재분사로서 주동사 me disais와 동시에 진행되는 행위를 나타낸다.
4. **on ne va pas les obliger à chanter** va obliger는 근접미래. obliger는 obliger qn à+부정법으로 쓰여 「…에게 …(할 것)을 강요하다; 억지로…하게 하다」의 뜻이 된다.
5. **fixant**=qui avait fixé.
6. **le houblon** 맥주의 쓴 맛을 내는 원료인 호프 나무. h가 유음이므로 liaison하면 안된다
7. **ça devait être** 뒤의 de quitter...와 d'entendre에 걸려서 「…와 헤어지나는 것, …을 듣는다는 것, 그것은 얼마나 애끓는 심정이겠느냐」는 뜻. ça=cela.
8. **au-dessus** 여기서는 premier étage의 뜻. 시골의 작은 학교이기 때문에 아래층은 교실이고 이층은 교사의 집으로 쓰이는 구조이다.
9. **Pour toujours**=à jamais 「영원히」.

de la salle, le vieux Hauser avait mis ses lunettes, et, tenant[1] son abécédaire à deux main, il épelait les lettres avec eux. On voyait qu'il s'appliquait lui aussi; sa voix tremblait d'[2] émotion, et c'était si[3] drôle de l'entendre, que nous avions tous[4] envie de rire et de pleurer. Ah! je m'en souviendrai de[5] cette dernière classe . . .

Tout à coup, l'horloge de l'église sonna midi, puis l'*Angélus*.[6] Au même moment, les trompettes des Prussiens qui revenaient de l'exercice éclatèrent sous nos fenêtres . . . M. Hamel se leva, tout pâle, dans sa chaire. Jamais il ne m'avait paru si grand.

«Mes amis, dit-il, mes, je . . . je . . . »

Mais quelque chose l'étouffait, Il ne pouvait pas achever sa phrase.

Alors il se tourna vers le tableau, prit un morceau de craie et, en appuyant de toutes ses forces, il écrivit aussi gros qu'il put:[7]

«VIVE LA FRANCE!»[8]

Puis il resta là, la tête appuyée au mur,[9] et, sans parler, avec sa main, il nous faisait signe;

« C'est fini . . . allez-vous-en. »

1. **tenant** 여기서는 en tenant과 같은 뜻.
2. **d'**=de. 원인·이유를 나타내는 전치사.
3. **si** 뒤의 que와 연결되어 si...que~ 「대단히 …하므로, 하도 …이어서」의 뜻이 된다.
4. **tous** 대명사이기 때문에 어미의 s는 발음된다. 주어 nous에 걸린다.
5. **je m'en souviendrai de** se souvenir의 단순미래. en은 de cela. 따라서 s'en souvenir로서 족하지만 je m'en souviendrai하고 en만 써서는 뜻이 분명치 않을 경우에는 다시 de~를 첨가해서 분명하게 해 준다.
6. **Angélus** 「삼종기도를 알리는 종」이란 뜻의 라틴어. [ɑ̃ʒelys]로 발음한다.
7. **aussi gros qu'il put** 「될 수 있는대로 굵게」. aussi...que는 동등비교. put는 pouvoir의 단순과거.
8. **Vive la France!** 「불란서 만세!」. vive는 vivre의 접속법 현재. 독립절에서 접속법이 쓰이면 제3자에 대한 명령, 3인칭으로 희망·기원·애석의 뜻 따위를 나타낸다. 여기서는 Je désire que la France vive. 라는 구문에서 주절 Je désire와 접속사 que가 탈락되고 종속절만 남아서 주어 동사가 도치되고 희망·기원을 나타내게 된 것이라고 볼 수 있다.
9. **la tête appuyée au mur** 상황보어. 앞에 avec나 ayant을 보충해 볼 것.

La Partie de Billard

Comme on se bat depuis deux jours et qu'ils[1] ont passé la nuit sac au dos[2] sous une pluie torrentielle, les soldats sont exténués. Pourtant voilà trois mortelles heures qu'[3]on les[4] laisse se morfondre, l'arme au pied,[5] dans les flaques des grandes routes, dans la boue des champs détrempés.

Alourdis par la fatigue, les nuits passées,[6] les uniformes[6] pleins d'eau, ils se serrent les uns contre les autres pour se réchauffer, pour se soutenir. Il y en a qui[7] dorment tout debout, appuyés au sac d'un voisin, et la lassitude, les privations se voient[8] mieux sur ces visages dêtendus, abandonnés dans le sommeil. La pluie,[9] la boue,[9] pas de feu,[10] pas de soupe,[10] un ciel bas et noir,[9] l'ennemi qu'on sent tout autour.[9] C'est lugubre . . .

Qu'est-ce qu'on fait là. Qu'est-ce qui se passe?

Les canons, la gueule tournée vers le bois,[11] ont l'air de guetter quelque chose. Les mitrailleuses embusquées regardent fixement l'horizon. Tout semble prêt pour une attaque. Pourquoi n'attaque-t-on pas? Qu'est-ce qu'on attend? . . .

---

1. **ils** 뒤에 나오는 les soldats를 미리 지시한 대명사. **qu'**=que=comme.
2. **sac au dos** 「배낭」이란 뜻도 있으나 여기서는 상황보어로서 avec le sac au dos 또는 ayant le sac au dos 「등에 배낭을 지고」라는 뜻.
3. **voilà trois mortelles heures que** voilà+시간을 나타내는 숫자+que ~ 「~한지 …이 된다」는 뜻으로 현재까지 계속되는 행위의 기점을 나타낸다. mortelles 「몹시 지루한, 견딜 수 없는」.
4. **les**=les soldats.
5. **l'arme au pied** 상황보어. 앞에 avec 나 ayant 을 보충해 볼것.
6. **les nuits passées, les uniformes...** 각각 Alourdis par 에 연결된다.
7. **il y en a qui**=il y a des soldats qui.
8. **se voient** 수동적 대명동사 se voir 의 직설법 현재.
9. **La pluie, la boue...** 각각 앞에 il y a 가 생략된 것.
10. **pas de feu, pas de soupe,** 앞에 il n'y a 가 생략된 것.
11. **la gueule tournée vers le bois** 양태의 상황보어. 앞에 avec 나 ayant 을 보충해 볼것.

On attend des ordres, et le quartier général n'en[1] envoie pas. Il[2] n'est pas loin cependant le quartier général. C'est ce beau château Louis XIII dont[3] les briques rouges, lavées par la pluie, luisent à mi-côte entre les massifs. Vraie demeure princière, bien digne de porter le fanion d'un maréchal de France. Derrière un grand fossé et une rampe de pierre qui les[4] séparent de la route, les pelouses montent tout droit[5] jusqu'au perron, unies et vertes, bordées de vases fleuris. De l'autre côté,[6] du côté intime[7] de la maison, les charmilles font des trouées lumineuses, la pièce d'eau où nagent des cygnes s'étale comme un miroir, et sous le toit en pagode[8] d'une immense volière, lançant[9] des cris aigus dans le feuillage, des paons,[10] des faisans dorés battent des ailes et font[11] la roue. Quoique les maîtres soient partis,[12] on ne sent pas là l'abandon, le grand lâchez-tout[13] de la guerre. L'oriflamme du chef de l'armée a préservé jusqu'aux moindres[14] fleurettes[15] des pelouses, et c'est quelque chose de saisissant de trouver, si près du champ de bataille, ce calme opulent qui vient de l'ordre des choses, de l'alignement correct des massifs, de la profondeur

1. **en**=des ordres.
2. **il** 앞의 le quartier général을 가리킨 대명사이지만 혹시 분명치 않을까 해서 뒤에 다시 한번 같은 말을 반복했으며 반복한 것만큼 더 강조가 된다.
3. **dont** de가 포함되어 있는 관계대명사. les briques rouges de ce beau château Louis XIII로 연결된다.
4. **les** 뒤에 나오는 주어 les pelouses를 가리키는 직접목적보어 대명사.
5. **tout droit** 부사 「똑바로, 곧장」.
6. **de l'autre côté** 「반대쪽으로」.
7. **du côté intime** 「안쪽으로」.
8. **le toit en pagode** 「탑 모양의 지붕」. en은 형상을 나타내는 전치사.
9. **lançant** lancer의 현재분사.
10. **paons** 「공작」. 발음에 주의. [pã].
11. **font la roue**=déploient les plumes de leur queue en éventail 「꼬리를 부채꼴로 편다」.
12. **soient partis** partir의 접속법과거. quoique 다음에는 접속법을 쓴다. partir는 복합시제에서 조동사 être를 취하는 자동사.
13. **le grand lâchez-tout**=l'abandon total.
14. **aux moindres** aux=à+les. les moindres는 petits의 최상급.
15. **fleurettes**=petites fleurs. fleur의 어미에 지소사가 붙어 만들어진 말이지만 낡은 말이어서 지금은 쓰이지 않는다.

silencieuse des avenues.

La pluie, qui tasse là-bas de[1] si vilaine boue sur les chemins et creuse des ornières si profondes, n'est plus ici qu'une ondée élégante, aristocratique, avivant[2] la rougeur des briques, le vert des pelouses, lustrant[3] les feuilles des orangers, les plumes blanches des cygnes. Tout reluit, tout est paisible. Vraiment, sans[4] le drapeau qui flotte à la crête du toit, sans[4] les deux soldats en faction devant la grille, jamais on ne se croirait au quartier général.[5] Les chevaux reposent dans les écuries. Çà et là on rencontre des brosseurs,[6] des ordonnances[6] en petite tenue[7] flânant[8] aux abords des cuisines, ou quelque[9] jardinier en pantalon rouge promenant[10] tranquillement son râteau dans le sable des grandes cours.

La salle à manger, dont[11] les fenêtres donnent sur le perron, laisse voir une table à moitié desservie, des bouteilles débouchées, des verres ternis et vides, blafards sur la nappe froissée, toute une fin de repas, les convives partis.[12] Dans la pièce à côté, on entend des éclats de voix, des rires, des billes qui roulent, des verres qui se choquent.[13] Le maréchal est en train de faire sa partie, et voilà

---

1. **de** 부분적인 의미를 나타내는 소사(小辭).
2. **avivant** aviver 의 현재분사. aviver=raviver=rafraîchir.
3. **lustrant** lustrer 의 현재분사
4. **sans**...=s'il n'y avait pas. si 로 시작되는 조건절이 sans 으로 대치된 것.
5. **jamais on ne se croirait au quartier général** 「자기가 사령부에 있다고는 결코 생각치 않을 것이다, 즉 그 곳이 사령부라고는 결코 생각치 않을 것이다」. 여기서 croire 는 supposer 의 뜻.
6. **des brosseurs, des ordonnances** 「당번병들」.
7. **en petite tenue**=en habit ordinaire=en habit de tous les jours 「약식복장으로」.
8. **flânant**=qui flânent.
9. **quelque**=certain.
10. **promenant**=qui promène. 「는 것.
11. **dont** de 가 포함된 관계대명사. les fenêtres de la salle à manger 의 뜻으로 연결해 주
12. **les convives partis** partir 의 과거분사 partis 가 주절의 주어와는 다른 그 자체의 주어 les convives 를 가져서 절대분사절을 이루어 주절의 행위보다 이전의 행위를 나타낸다. quand les convives sont partis 의 뜻.
13. **se choquent** 상호적 대명동사.

pourquoi l'armée attend des ordres. Quand le maréchal a commencé sa partie, le ciel peut bien crouler,[1] rien au monde ne saurait[2] l'empêcher de la[3] finir.

Le billard!

C'est sa faiblesse à ce grand homme de guerre[4]. Il est là, sérieux comme à la bataille, en grande tenue,[5] la poitrine couverte de plaques,[6] l'œil brillant,[6] les pommettes enflammées,[6] dans l'animation du repas, du jeu, des grogs. Ses aides de camp l'entourent, empressés, respectueux, se pâmant[7] d'admiration à chacun de ses coups. Quand le maréchal fait un point, tous se précipitent vers la marque; quand le maréchal a soif, tous veulent lui préparer son grog. C'est un froissement d'épaulettes et de panaches, un cliquetis de croix[8] et d'aiguillettes, et de voir[9] tous ces jolis sourires, ces fines révérences de courtisans, tant de broderies et d'uniformes neufs, dans cette haute salle à boiseries de chêne,[10] ouverte[11] sur des parcs, sur des cours d'honneur,[12] cela rappelle les automnes de Compiègne et repose un peu des[13] capotes souillées qui se morfondent là-bas, au long des routes, et font des groupes si sombres sous la pluie.

---

1. **le ciel peut bien crouler** 「하늘이 무너져도」. peut bien 은 대립·양보를 나타낸다.
2. **saurait**=pourrait. 이 절의 rien 앞에 mais 를 보충해 보면 이해하기 쉽다.
3. **la**=sa partie.
4. **homme de guerre** 「군인」. 「명사+de+보어」 (…한 직업의 사람). *Ex.* un homme d'affaires=un financier (재정가). un homme de lettres=un écrivain (작가). un homme de mer=un marin(선원).
5. **en grande tenue**=en habit de parade 「예복을 입고, 성장하여」.
6. **la poitrine couverte de plaques, l'œil brillant, les pommettes enflammées** 양태의 상황보어. 앞에 ayant 이나 avec 를 보충해서 생각해 볼 것.
7. **se pâmant**=et ils se pâment.
8. **croix** 여기서는 「훈장」이란 뜻.
9. **et de voir...** 다음에 나오는 cela rappelle 로 이어진다. 「de+부정법」은 개개의 사실을 나타내며 이것을 뒤에서 cela 가 받아서 형식상의 주어 노릇을 하고 있다.
10. **cette haute salle à boiseries de chêne.** 「떡갈나무 판자로 벽을 두른 이 높은 방」.
11. **ouverte** cette haute salle 에 걸리는 형용사. sur 는 방향을 나타내는 전치사.
12. **cour d'honneur**=principale cour d'un château.
13. **des** 부정관사 복수.

Le partenaire du maréchal est un petit capitaine d'état-major, sanglé,[1] frisé, ganté de clair,[2] qui est de première force au[3] billard et capable de rouler[4] tous les maréchaux[5] de la terre, mais il sait se tenir à une distance respectueuse de son chef, et s'applique à ne pas gagner, à ne pas perdre non plus trop facilement. C'est ce qu'on appelle un officier d'avenir[6] . . .

«Attention, jeune homme, tenons-nous bien. Le maréchal en a quinze[7] et vous dix. Il s'agit de[8] mener la partie jusqu'au bout comme cela, et vous aurez fait[9] plus pour votre avancement que[10] si vous étiez dehors avec les autres, sous ces torrents d'eau qui noient l'horizon, à salir[11] votre bel uniforme, à ternir[11] l'or de vos aiguillettes, attendant[12] des ordres qui ne viennent pas.»

C'est une partie vraiment intéressante. Les billes courent, se frôlent, croisent leurs couleurs. Les bandes[13] rendent bien,[14] le tapis[15] s'échauffe . . . Soudain la flamme d'un coup de canon passe dans le ciel. Un bruit sourd fait trembler les vitres. Tout le monde tressaille; on se regarde avec inquiétude. Seul le maréchal n'a rien vu, rien entendu: penché[16] sur le billard, il est en train de[17]

---

1. **sanglé** 「가죽띠를 맨」. sangler의 과거분사가 형용사로 쓰인 것.
2. **ganté de clair** 「엷은 색의 장갑을 낀」.
3. **être de première force à qch** 「…에 일류이다」.
4. **rouler**=vaincre.
5. **maréchaux** maréchal의 복수.
6. **un officier d'avenir**=un officier dont le sort sera brillant, exceptionnel=un officier qui doit connaître des succès, 「전도유망한 장교」.
7. **en a quinze**=a quinze points.
8. **il s'agit de + inf.**=il convient=il est nécessaire=il faut.
9. **aurez fait** faire의 전미래. 미래의 어느 시기 이전에 이루어 놓을 것을 표현한다.
10. **que** 앞의 plus와 함께 비교의 표현 plus que를 이룬다.
11. **à salir..., à ternir...,** 앞의 vous étiez와 연결되어 속사가 되다.
12. **attendant** attendre의 현재분사.
13. **bandes** 「당구대의 쿠숀」.
14. **rendre bien**=renvoyer bien les billes 「탄력성이 좋다」.
15. **le tapis** 당구대의 판에 깔린 「카페트」.
16. **penché** il에 걸리는 분리된 형용사.
17. **être en train de+inf.**==être occupé à+inf. 「…하는 중이다」. 불어에는 진행형이 따로 없어서 진행을 나타낼 때 이 표현을 많이 쓴다.

combiner un magnifique effet[1] de recul; c'est son fort, à lui,[2] les effets de recul! . . .

Mais voilà un nouvel éclair, puis un autre. Les coups de canons se succèdent, se précipitent. Les aides de camp courent aux fenêtres. Est-ce que les Prussiens attaqueraient?[3]

«Eh bien, qu'ils attaquent![4] dit le maréchal en mettant du blanc[5] . . . A vous de jouer,[6] capitaine.»

L'état-major frémit d'[7] admiration. Turenne[8] endormi sur un affût n'est rien auprès de[9] ce maréchal, si calme devant son billard au moment de l'action . . . Pendant ce temps, le vacarme redouble. Aux secousses du canon se mêlent les déchirements des mitrailleuses, les roulements des feux de peloton. Une buée rouge, noire sur les bords, monte au bout des pelouses. Tout le fond du parc est embrasé. Les paons, les faisans effarés clament dans la volière; les chevaux arabes, sentant[10] la poudre, se cabrent au fond des écuries. Le quartier général commence à s'émouvoir.[11] Dépêches sur dépêches.[12] Les estafettes arrivent à bride abattue.[13] On demande le maréchal.

---

1. **effet** 당구의 「깎아치기」. effet de recul 「공이 뒤로 물러가도록 깎아치기」.
2. **c'est son fort, à lui,** 「그것이 그의 장기이다」. à lui는 son과 같은 뜻인데 뒤에 반복함으로써 강조한 것. ce 마으로는 뜻이 불명확하므로 les effets de recul을 반복.
3. **attaqueraient** attaquer의 조건법현재. 의문문에서 가정적인 사실을 분개해서 부인하기 위해 쓰인 감정적 용법.
4. **qu'ils attaquent!** 「공격해 보라지 !」. que로 시작되는 독립절에서 접속법이 쓰이면 제 3자에 대한 명령, 희망, 기원 따위를 나타낸다. attaquent는 attaquer의 접속법 현재.
5. **en mettant du blanc** (큐 끝에) 「초오크를 칠하면서」. du ㄴ 부분관사.
6. **à vous de jouer**=c'est à vous de jouer 「당신이 칠 차례요」.
7. **d'**=de. 원인을 나타내는 전치사.
8. **Turenne** 불란서의 명장. 1611~1675. 자작의 작위를 가진 귀족이며 원수로서 Louis XIV 밑에서 여러 차례의 전투를 지휘, 승리로 이끌었다. 소박 겸손한 성품의 소유자이며 치밀한 계산과 심사 숙고 끝에 작전을 세워 연전연승했다.
9. **auprès de**=en comparaison de.
10. **sentant**=comme ils sentent la poudre.
11. **s'émouvoir**=se troubler.
12. **Dépêches sur dépêches**=les dépêches arrivent successivement. 주어가 생략된 문장.
13. **à bride abattue**=à une grande vitesse.

Le maréchal est inabordable. Quand je vous disais[1] que rien ne pourrait[2] l'empêcher d'achever sa partie.

«A vous de jouer, capitaine.»

Mais le capitaine a des distractions.[3] Ce que c'est pourtant que d'être jeune![4] Le voilà qui perd la tête,[5] oublie son jeu et fait coup sur coup deux séries, qui lui donnent presque partie gagnée. Cette fois le maréchal devient furieux. La surprise, l'indignation éclatent sur son mâle visage. Juste à ce moment, un cheval lancé ventre à terre[6] s'abat dans la cour. Un aide de camp couvert de boue force la consigne, franchit le perron d'un saut: «Maréchal! maréchal! . . . » Il faut voir comme il est reçu[7] . . . Tout bouffant de colère et rouge comme un coq, le maréchal paraît à la fenêtre, sa queue de billard à la main:[8]

«Qu'est-ce qu'il y a? . . . Qu'est-ce que c'est? . . . Il n'y a donc pas de factionnaire par ici?

— Mais, maréchal . . .

— C'est bon . . . Tout à l'heure . . . Qu'on attende[9] mes ordres, nom d . . . D . . . !»[10]

Et la fenêtre se referme[11] avec violence.

Qu'on attende ses ordres!

---

1. **quand je vous disais**... 「…라고 내가 말하지 않습디까?, 내가 뭐라고 합디까?」.
2. **pourrait** pouvoir의 조건법현재 과거에 있어서의 미래.
3. **a des distractions** 「멍청했다」.
4. **Ce que c'est pourtant que d'être jeune!** 「그런데 젊은이란 이 무슨 비참한 팔인가!」.
5. **perd la tête**=perd son sang-froid 「이성을 잃는다」.
6. **ventre à terre**=avec une extrême vitesse.
7. **comme il est reçu**=comment il est reçu 「그가 어떤 마중을 받았는가」. 일종의 간접의문 종속절. est reçu는 recevoir의 수동형 현재.
8. **sa queue de billard à la main** 「손에 당구 큐를 들고」. 양태의 상황보어. 앞에 ayant 이나 avec를 보충해 볼 것.
9. **qu'on attende**... 제 3 자에 대한 명령. que로 시작되는 독립문 속에서 접속법동사를 써서 제 3 자에 대해 명령할 수 있는데, 특히 권위 있는 명령으로서 상대자에 대해 「que+접속법」의 형태를 쓸 때가 있다.
10. **nom d... D...!**=nom de Dieu 「제기럴, 비러먹을」. 속어에서 쓰는 욕설.
11. **se referme** 수동적대명동사.

C'est bien ce qu'ils font, les pauvres gens.[1] Le vent leur chasse la pluie et la mitraille en pleine figure. Des bataillons entiers sont écrasés, pendant que d'autres[2] restent, inutiles, l'arme au bras,[3] sans pouvoir se rendre compte de[4] leur inaction. Rien à faire. On attend des ordres . . . Par exemple, comme on n'a pas besoin d'ordres pour mourir, les hommes tombent par centaines[5] derrière les buissons, dans les fossés, en face du grand château silencieux. Même tombés,[6] la mitraille les déchire encore, et par leurs blessures ouvertes coule sans bruit le sang généreux de la France . . . Là-haut, dans la salle de billard, cela chauffe[7] terriblement: le maréchal a repris son avance; mais le petit capitaine se défend comme un lion . . .

Dix-sept! dix-huit! dix-neuf! . . .

A peine a-t-on le temps de marquer les points. Le bruit de la bataille se rapproche. Le maréchal ne joue plus que pour un. Déjà des obus arrivent dans le parc. En voilà un[8] qui éclate au-dessus de la pièce d'eau. Le miroir s'éraille; un cygne nage, épeuré, dans un tourbillon de plumes sanglantes. C'est le dernier coup . . .

Maintenant, un grand silence. Rien que la pluie qui tombe sur les charmilles, un roulement confus au bas du coteau et, par les chemins détrempés, quelque chose comme le piétinement d'un troupeau qui se hâte . . . L'armée est en pleine déroute. Le maréchal a gagné sa partie.

1. **les pauvres gens** 「시시한 사람들」. 앞의 ils을 반복한 것.
2. **d'autres**=d'autres bataillons.
3. **l'arme au bras** 앞에 ayant이나 avec를 보충해 볼 것.
4. **se rendre compte de**=s'en apercevoir=en avoir une notion nette.
5. **par centaines** 「몇 백명씩」.
6. **tombés** tomber의 과거분사. déchire의 직접목적보어인 les에 걸리는 분리된 형용사.
7. **cela chauffe** 구어적 표현으로 「격렬해지고 있다, 최고조에 달하고 있다」의 뜻.
8. **en voilà un**=voilà un obus.

L'Enfant Espion

Il s'appelait Stenne, le petit Stenne.

C'était un enfant de Paris, malingre[1] et pâle, qui pouvait avoir dix ans,[2] peut-être quinze; avec ces moucherons-là, on ne sait jamais. Sa mère était morte[3]; son père, ancien soldat de marine,[4] gardait un square dans le quartier du Temple. Les babies,[5] les bonnes, les vieilles dames à pliants,[6] les mères pauvres, tout le Paris trotte-menu[7] qui vient se mettre à l'abri des voitures dans ces parterres bordés de trottoirs, connaissaient le père[8] Stenne et l'adoraient. On savait que, sous sa rude moustache, effroi des chiens et des traîneurs de bancs,[9] se cachait un bon sourire attendri, presque maternel, et que,[10] pour voir ce sourire, on n'avait qu'à[11] dire au bonhomme:

«Comment va votre petit garçon? . . .»

Il l'aimait tant,[12] son garçon, le père Stenne! Il était si heureux,

---

1. **malingre**=chétif=frêle.
2. **pouvait avoir dix ans** 「열살쯤 되었을 것이다」. 「pouvoir+부정법」. pouvoir는 조동사처럼 사용되어 불확실성을 나타낸다.
3. **était morte** mourir의 대과거. 조동사는 être를 쓰기 때문에 mourir의 복합시제에서는 과거분사의 어미가 주어와 성·수 일치. 여기서는 이야기되고 있는 과거의 시점 이전에 이미 있었던 사실이기 때문에 대과거를 썼다.
4. **ancien soldat de marine** son père의 동격.
5. **les babies** les bébés 대신에 쓰인 영어단어. 발음은 [le bɛbi].
6. **les vieilles dames à pliants** 「접는 의자를 가진 노파들」. pliant=siège pliant.
7. **trotte-menu** 「종종걸음치는」. 익살로 쓰는 형용사인데 성·수 불변이며 La Fontaine가 쥐를 형용하는데 붙임으로서 쓰이기 시작한 말. 앞의 Paris는 도시명이므로 원래 정관사를 안 붙이지만 여기서는 형용사에 의해 한정되어서 정관사가 붙었다.
8. **père** 「영감」. 중늙은이에게 주로 붙이는 경칭.
9. **effroi des chiens et des traîneurs de bancs** 앞의 sa rude moustache의 동격.
10. **que** 앞의 on savait에 걸리는 접속사.
11. **n'avait qu'à** 「n'avoir qu'a+부정법」(…하기만 하면 된다).
12. **il l'aimait tant** 대명사 il과 l' 만으로는 누구를 지시하는지 분명치 않으므로 뒤에서 il은 le père Stenne, l'는 son garçon으로 반복·명시해 주었다.

le soir, après la classe, quand le petit venait le prendre et qu'[1] ils faisaient tous deux le tour des allées, s'arrêtant[2] à chaque banc pour saluer les habitués, répondre à leurs bonnes manières.

Avec le siège, malheureusement tout changea. Le square du père Stenne fut fermé,[3] on y mit du pétrole et le pauvre homme, obligé à une surveillance incessante, passait sa vie dans les massifs déserts et bouleversés, seul, sans fumer, n'ayant plus son garçon que le soir, bien tard, à la maison. Aussi[4] il fallait voir sa moustache, quand il parlait des Prussiens . . . Le petit Stenne, lui, ne se plaignait pas trop de[5] cette nouvelle vie.

Un siège! C'est si amusant pour les gamins! Plus d'école! plus de mutuelle![6] Des vacances tout le temps et la rue comme champ de foire[7] . . .

L'enfant restait dehors jusqu'au soir, à courir.[8] Il accompagnait les bataillons du quartier qui allaient au rempart, choisissant[9] de préférence[10] ceux qui avaient une bonne musique; et là-dessus[11] petit Stenne était très ferré.[12] Il vous[13] disait fort bien que celle du

---

1. **qu'**=que. 부사절을 인도하는 접속사의 반복을 피하기 위해서 afin que, bien que, quoique, comme, lorsque, parce que, quand, si 등의 접속사는 두번째부터 que로 대용될 수 있다. 여기서는 quand의 대용.
2. **s'arrêtant** s'arrêter의 현재분사.
3. **fut fermé** fermer의 단순과거 수동형.
4. **aussi**=c'est pourquoi=en conséquence.
5. **de** 앞의 se plaignait에 걸리는 것.
6. **plus d'école! plus de mutuelle!,** 앞에 il n'y a가 생략된 구문. mutuelle=école où se pratique l'enseignement mutuel (교사의 지도하에 학생끼리 서로 가르치는 학교).
7 **des vacances tout le temps et la rue comme champ de foire**=on a des vacances tout le temps et la rue était comme champ de bataille.
8. **à courir** restait와 함께 사용되어 속사.
9. **choisissant**=et il choisissait.
10. **de préférence** 「되도록이면」. ceux=les bataillons. la musique 「군악대」.
11. **là-dessus**=à ce sujet.
12. **était très ferré**=était très savant.
13. **il vous disait** 여기서 vous는 on에 대한 목적보어형으로 쓰인 것.

96e[1] ne valait pas grand-chose, mais qu'[2]au 55e ils en[3] avaient une excellente. D'autres fois, il regardait les mobiles[4] faire l'exercice; puis il y avait les queues[5] . . .

Son panier sous le bras,[6] il se mêlait à ces longues files qui se formaient dans l'ombre des matins d'hiver sans gaz, à la grille des bouchers, des boulangers. Là, les pieds dans l'eau,[7] on faisait des connaissances, on causait politique,[8] et comme[9] fils de M. Stenne, chacun lui demandait son avis. Mais le plus amusant de tout, c'était encore les parties de bouchon,[10] ce fameux jeu de *galoche* que les mobiles bretons avaient mis à la mode pendant le siège. Quand le petit Stenne n'était pas au rempart ni aux boulangeries, vous étiez sûr de le trouver à la partie de *galoche* de la place du Château-d'Eau. Lui ne jouait pas, bien entendu; il faut trop d'argent. Il se contentait de regarder les joueurs avec des yeux!

Un, surtout, un grand en cotte bleue,[11] qui ne misait que des pièces de cent sous,[12] excitait son admiration. Quand il courait, celui-là, on entendait les écus sonner au fond de sa cotte . . .

Un jour, en ramassant[13] une pièce qui avait roulé[14] jusque sous les pieds du petit Stenne, le grand lui dit à voix basse:

---

1. **celle du 96e**=la musique du 96e régiment 「제96연대 군악대」.
2. **qu'**=que. il vous disait에 걸리는 것.
3. **en** 뒤의 une excellente의 보어. **ils en avaient une excellente—ils avaient une excellente musique.**
4. **mobile**=garde mobile (1870년 보불전쟁 때의 기동대).
5. **les queues**=files de personnes qui attendent leur tour d'être servies 「줄」.
6. **Son panier sous le bras** 상황보어. 앞에 ayant이나 avec를 보충해 볼 것.
7. **les pieds dans l'eau** 상황보어. (주 6 참조).
8. **causait politique** 「정치이야기를 했다」. 「동사+무관사 명사」의 구조를 가진 동사구.
9. **comme**...=en tant que... (…로서).
10. **les parties de bouchon** 「두내기 팽이놀이」. bouchon=galoche=toupie, (팽이).
11. **en cotte bleue** 「파란 작업바지를 입은」. en은 착의를 나타내는 전치사.
12. **cent sous**=5 frarcs. 1 sou=5 centimes. 100 centimes=1 franc=20 sous.
13. **en ramassant** ramasser의 gérondif. 주동사 dit의 행위와 동시의 행위를 나타낸다.
14. **avait roulé** rouler의 대과거. dit로 표현된 과거의 행위 이전에 있었던 일이기 때문에 대과거를 쓴 것.

«Ça te fait loucher,[15] hein? . . . Eh bien, si tu veux, je te dirai où on en[2] trouve.»

La partie finie,[3] il l'emmena dans un coin de la place et lui proposa de venir avec lui vendre des journaux aux Prussiens: on avait trente francs par voyage.[4] D'abord Stenne refusa, très indigné; et du coup,[5] il resta trois jours sans retourner à la partie. Trois jours terribles. Il ne mangeait plus, il ne dormait plus. La nuit, il voyait des tas de galoches dressées au pied de son lit, et des pièces de cent sous qui filaient à plat, toutes luisantes. La tentation était trop forte. Le quatrième jour, il retourna au Château-d'Eau, revit le grand, se laissa séduire . . .

Ils partirent par[6] un matin de neige, un sac de toile sur l'épaule,[7] des journaux cachés sous leurs blouses.[7] Quand ils arrivèrent à la porte de Flandres, il faisait à peine jour.[8] Le grand prit Stenne par la main,[9] et, s'approchant[10] du factionnaire—un brave sédentaire qui avait le nez rouge et l'air bon—, il lui dit d'une voix de pauvre;

«Laissez-nous passer, mon bon monsieur . . . Notre mère est malade, papa est mort. Nous allons voir avec mon petit frère à ramasser des pommes de terre dans le champ.»

---

1. **loucher**=jeter un regard d'envie 「부러운 듯 바라보다」.
2. **en**=des pièces.
3. **la partie finie** 절대분사구문. finie는 finir의 과거분사. 여기서는 시간을 가리켜서 주동사 emmena의 행위 이전에 있은 행위를 나타낸다.
4. **on avait trente francs par voyage** 앞에 il dit qu'가 생략되어 :표로 대치된 간접자유화법형식. par voyage는 배분을 나타내어 「갔다 올 때마다」의 뜻.
5. **du coup**=en conséquence.
6. **par** 기후, 기상을 나타내는 전치사. *Ex.* Pensez-vous qu'il vienne par la pluie? (그가 우중에 오리라고 생각하십니까?)
7. **un sac de toile sur l'épaule, des journaux cachés sous leurs blouses** 둘 다 양태의 상황보어. 앞에 avec나 ayant이 생략된 것이라고 볼 수 있다.
8. **il faisait à peine jour**=le jour se levait à peine.
9. **prit Stenne par la main** 「Stenne의 손을 잡았다」.
10. **s'approchant** s'approcher의 현재분사.

Il pleurait. Stenne, tout honteux, baissait la tête. Le factionnaire les regarda un moment, jeta un coup d'œil sur la route déserte et blanche.

«Passez vite», leur dit-il en s'écartant.

Et les voilà[1] sur le chemin d'Aubervilliers. C'est le grand qui riait!

Confusément, comme dans un rêve, le petit Stenne voyait des usines transformées en casernes, des barricades désertes, garnies de chiffons mouillés, de[2] longues cheminées qui trouaient le brouillard et montaient dans le ciel, vides,[3] ébréchées.[3] De loin en loin, une sentinelle, des officiers encapuchonnés qui regardaient là-bas avec des lorgnettes, et de petites tentes trempées de neige fondues devant des feux qui mouraient. Le grand connaissait les chemins, prenait à travers champs[4] pour éviter les postes. Pourtant, ils arrivèrent, sans pouvoir y échapper,[5] à une grand-garde[6] de francs-tireurs. Les francs-tireurs étaient là avec leurs petits cabans, accroupis au fond d'une fosse pleine d'eau, tout le long du chemin de fer[7] de Soissons. Cette fois le grand eut beau recommencer[8] son histoire, on ne voulut pas les laisser passer. Alors, pendant qu'il se lamentait, de la maison du garde-barrière sortit sur la voie un vieux sergent, tout blanc, tout ridé, qui ressemblait au père Stenne:

---

1. **et les voilà** voilà 속에는 동사가 포함되어 있으므로 목적보어 대명사는 앞에 놓인다.
2. **de** des가 형용사 앞에서 de로 변형된 것.
3. **vides, ébréchées** 앞의 de longues cheminées에 걸리는 형용사.
4. **à travers champs** 「벌판을 가로질러서」.
5. **y**=à cela. y échapper=échapper à cela.
6. **grand-garde** 「전초부대」. grand은 고대에 남·여성이 분리되지 않았던 형용사이기 때문에 그 형태가 그대로 남아서 지금도 몇몇 명사 앞에서는 성·수 변화를 하지 않고 쓰인다. *Ex.* grand-messe (대미사). grand에 apostrophe(')를 붙이기도 하고 trait d'union을 쓰기도 하나 지금은 trait d'union을 쓰기로 되어 있다.
7. **tout le long du chemin de fer**=tout en suivant le chemin de fer.
8. **eut beau recommencer** 「아무리 되풀이해 보아도 소용없었다」. avoir beau+부정법=essayer en vain de+부정법.

«Allons[1] ! mioches,[2] ne pleurons[3] plus ! dit-il aux enfants, on vous y[4] laissera aller, à vos pommes de terre; mais, avant, entrez vous chauffer[5] un peu . . . Il a l'air gelé, ce gamin-là !»

Hélas! Ce n'était pas de froid[6] qu'il tremblait le petit Stenne, c'était de peur, c'était de honte . . . Dans le poste, ils trouvèrent quelques soldats blottis autour d'un feu maigre, un vrai feu de veuve, à la flamme duquel[7] ils faisaient dégeler du biscuit au bout de leurs baïonnettes. On se serra pour faire place aux enfants. On leur donna la goutte,[8] un peu de café. Pendant qu'ils buvaient, un officier vint sur la porte, appela le sergent, lui parla tout bas et s'en alla bien vite.

«Garçons! dit le sergent en rentrant, radieux . . . , *y aura du tabac,*[9] cette nuit . . . On a surpris le mot des Prussiens . . . Je crois que cette fois nous allons le[10] leur reprendre, ce sacré Bourget!»

Il y eut une explosion de bravos et de rires. On dansait, on chantait, on astiquait les sabres-baïonnettes; et, profitant[11] de ce tumulte, les enfants disparurent.

Passé la tranchée, il n'y avait plus que la plaine, et au fond un long mur blanc troué de meurtrières. C'est vers ce mur qu'[12]ils

1. **allons!** 간투사로서 일종의 격려. 「자!」의 뜻.
2. **mioches**=jeunes enfants. 속어 내지 구어.
3. **pleurons** pleurer 의 명령법 1인칭복수인데 여기서는 2인칭 pleurez 대신에 쓰인 것.
4. **y** 뒤에서 à vos pommes de terre 로 반복되고 있다.
5. **vous chauffer** se chauffer 의 2인칭복수 변화형. entrez pour vous chauffer 의 뜻이며 명령문에서 un peu 를 씀으로써 명령하는 어조를 완화해 주고 있다.
6. **de froid.** 「추위 때문」. de 는 원인·이유의 전치사. de peur, de honte 의 de 도 이유의 전치사.
7. **duquel**=de+lequel. 관계대명사 복합형. 선행사는 un vrai feu.
8. **la goutte**=la liqueur spiritueuse 「술」. 속어로서 브랜디 처럼 조금씩 마시는 술.
9. **y aura du tabac**=il y aura du tabac=on se battra. tabac 는 군대 은어로 bataille 의 뜻.
10. **le** 뒤에 나오는 ce sacré Bourget. Bourget 는 지명. 지금은 국제공항이 있어서 유명하다.
11. **profitant** profiter 의 현재분사. 여기서는 en profitant 의 뜻.
12 **c'est......qu'** 강조의 c'est...que 용법. 상조하는 부분을……에 넣는다.

se dirigèrent, s'arrêtant[1] à chaque pas pour faire semblant de[2] ramasser des pommes de terre.

«Rentrons . . . N'y allons pas», disait tout le temps le petit Stenne.

L'autre levait les épaules et avançait toujours. Soudain ils entendirent le trictrac d'un fusil qu'on armait.

«Couche-toi!»[3] fit[4] le grand, en se jetant par terre.

Une fois couché,[5] il siffla. Un autre sifflet répondit sur la neige. Ils s'avancèrent en rampant . . . Devant le mur, au ras du sol, parurent[6] deux moustaches jaunes sous un béret crasseux. Le grand sauta dans la tranchée, à côté du Prussien:

«C'est mon frère», dit-il en montrant son compagnon.

Il était si petit, ce Stenne,[7] qu'[8]en le voyant le Prussien se mit à rire et fut obligé de le prendre dans ses bras pour le hisser jusqu'à la brèche.

De l'autre côté du mur, c'étaient de[9] grands remblais de terre, des arbres couchés, des trous noirs dans la neige, et dans chaque trou le même béret crasseux, les mêmes moustaches jaunes qui riaient en voyant passer les enfants.[10]

Dans un coin, une maison de jardinier casematée de troncs

---

1. **s'arrêtant** 여기서는 en s'arrêtant의 뜻.
2. **faire semblant de**=donner l'apparence de=feindre.
3. **Couche-toi** 「엎드려라」. se coucher의 명령법 2인칭단수.
4. **fit**=dit.
5. **une fois couché**=dès qu'il se fut couché.
6. **parurent** paraître의 단순과거. 앞에 시간의 상황보어가 있기 때문에 주어·동사가 도치되어 있다. 시간의 상황보어가 문두에 있으면 흔히 그 뒤에서 주어·동사가 도치된다.
7. **ce Stenne** 앞에서 il로 지시했으나 그것만으로는 뜻이 분명치 않을 우려가 있으므로 다시 반복해 준 것.
8. **qu'**=que. 앞의 si와 연결되어 si petit que가 된다.
9. **de** des가 「형용사+명사」 앞에서 de로 변형된 것.
10. **en voyant passer les enfants** 「아이들이 지나가는 것을 보면서」. en voyant은 voir의 gérondif. riaient의 행위와 동시의 행위를 나타낸다. passer les enfants은 en voyant의 직접목적보어인 부정법절.

d'arbres.[1] Le bas était plein de soldats qui jouaient aux cartes, faisaient la soupe sur un grand feu clair. Cela sentait bon[2] les choux, le lard; quelle différence avec le bivouac des francs-tireurs! En haut,[3] les officiers.[4] On les entendait jouer[5] au piano, déboucher[5] du[6] vin de Champagne. Quand les Parisiens entrèrent, un hurrah de joie les accueillit. Ils donnèrent leurs journaux; puis on leur versa à boire[7] et on les fit causer. Tous ces officiers avaient l'air fier et méchant; mais le grand les amusait avec sa verve faubourienne, son vocabulaire de voyou. Ils riaient, répétaient ses mots après lui, se roulaient avec délice dans cette boue de Paris qu'on leur apportait.

Le petit Stenne aurait bien voulu parler,[8] lui aussi, prouver qu'il n'était pas une bête; mais quelque chose le gênait. En face de lui se tenait à part un Prussien plus âgé, plus sérieux que les autres, qui lisait, ou plutôt faisait semblant,[9] car ses yeux ne le quittaient pas. Il y avait dans ce regard de la[10] tendresse et des reproches, comme si[11] cet homme avait eu au pays un enfant du même âge que Stenne, et qu'il se fût dit:[12]

«J'aimerais mieux mourir que de voir mon fils faire un métier

---

1. **de troncs d'arbres** 「나무줄기로」. de는 재료를 나타내는 전치사.
2. **sentait bon** 「좋은 냄새가 났다」. sentait는 sentir의 반과거. 자동사로 쓰인 것이며 bon은 상황보어.
3. **en haut** haut는 유음 h로 시작되었으므로 liaison해서는 안된다.
4. **les officiers** 주어가 생략된 문장. 앞에 il y avait가 생략된 것으로 볼 수 있다.
5. **jouer..., déboucher,** 이 부정법의 주어는 앞의 les이며 les와 함께 부정법절을 이루어서 entendait의 직접목적보어가 된다.
6. **du** 부분관사.
7. **à boire**=quelque chose à boire=de quoi boire 「마실 것」.
8. **aurait bien voulu parler, ...prouver...,** 조건절이 생략되고 주절만 남은 형태로 볼 수 있다. 뒤에 s'il l'avait pu가 생략된 것으로 생각하면 된다.
9. **faisait semblant**=feignait.
10. **de la** 부분관사.
11. **comme si...** 「마치…처럼」. comme si 다음에는 현재의 가정일 때는 직설법 반과거, 과거의 가정일 경우에는 직설법 대과거 또는 조건법과거 제 2 형을 쓴다.
12. **se fût dit** se dire의 조건법과거 제 2 형. (주 11 참조).

pareil . . .»

A partir de ce moment, Stenne sentit comme une main qui se posait sur son cœur et l'empêchait de battre.

Pour échapper à cette angoisse, il se mit à boire. Bientôt tout tourna autour de lui. Il entendait vaguement, au milieu de gros rires, son camarade qui se moquait des gardes nationaux, de leur façon de faire l'exercice, imitait une prise d'armes[1] au Marais, une alerte de nuit sur les remparts. Ensuite le grand baissa la voix, les officiers se rapprochèrent et les figures devinrent graves. Le misérable[2] était en train de[3] les prévenir de[4] l'attaque des francs-tireurs . . .

Pour le coup,[5] le petit Stenne se leva, furieux, dégrisé:

«Pas[6] cela, grand . . . Je ne veux pas.»

Mais l'autre ne fit[7] que rire et continua. Avant qu'il eût fini,[8] tous les officiers étaient debout. Un d'eux montra la porte aux enfants:

«F . . . le camp!»[9] leur dit-il.

Et ils se mirent à[10] causer entre eux, très vite, en allemand. Le grand sortit, fier[11] comme un doge, en faisant sonner son argent. Stenne le suivit, la tête basse;[12] et lorsqu'il passa près du Prussien

---

1. **prise d'armes**=cérémonie militaire à laquelle participe la troupe en armes 「무장열병식」.
2. **le misérable** 「비열한 자」. 여기서는 명사.
3. **était en train de**=était occupé à.
4. **prévenir** 이 동사는 「…에게…을 알리다」라는 뜻으로 prévenir qn de qch 와 같이 쓴다.
5. **pour le coup**=pour une fois=cette fois. 구어적 표현.
6. **pas** 부정의 ne 가 생략되어 pas 만으로 부정의 뜻을 나타내고 있다.
7. **fit** faire 의 단순과거. 「ne faire que+부정법」 (…하기만 하고 있다).
8. **eût fini** finir 의 접속법 대과거. avant que 다음에는 접속법을 쓴다.
9. **f...le camp!**=fichez le camp!. ficher le camp=s'en aller vivement=partir. 구어에서 쓰는 표현. 속어에서는 foutre le camp 이라고 하는데 이것은 더 저속한 표현.
10. **se mirent à causer**=commencèrent à causer.
11. **fier** le grand 에 걸리는 형용사.
12. **la tête basse** 양태의 상황보어. 앞에 ayant 이나 avec 를 보충해 볼 것.

dont[1] le regard l'avait tant gêné, il entendit une voix triste qui disait:

«*Bas chôli, ça . . . Bas chôli . . .*»[2]

Les larmes lui en vinrent aux yeux.[3]

Une fois dans la plaine, les enfants se mirent à courir et rentrèrent rapidement. Leur sac était plein de pommes de terre que leur avaient données[4] les Prussiens; avec cela ils passèrent sans encombre à la tranchée des francs-tireurs. On s'y préparait pour l'attaque de la nuit. Des troupes arrivaient, silencieuses, se massant[5] derrière les murs. Le vieux sergent était là, occupé à placer ses hommes, l'air si heureux![6] Quand les enfants passèrent, il les reconnut et leur envoya un bon sourire . . .

Oh! que[7] ce sourire fit mal au petit Stenne! Un moment il eut envie de crier:

«N'allez pas là-bas . . . nous vous avons trahis.»

Mais l'autre lui avait dit: «Si tu parles, nous serons fusillés», et la peur le retint . . .

A la Courneuve, ils entrèrent dans une maison abandonnée pour partager l'argent. La vérité m'oblige à dire que le partage fut fait[8] honnêtement, et que[9] d'entendre[10] sonner ces beaux

---

1. **dont** de가 포함된 관계대명사. le regard와 le Prussien을 연결하여 le regard du Prussien의 뜻이 된다.
2. **Bas chôli, ça... Bas chôli...** 독일인의 서투른 불어발음을 그대로 옮긴 것. Pas joli, ça... Pas joli=Ce n'est pas joli, ça, ce n'est pas joli.=C'est très laid.
3. **Les larmes lui en vinrent aux yeux.** 「그의 눈에 눈물이 나왔다」.
4. **avaient données.** donner의 대과거. 여기서 과거분사는 앞에 있는 직접목적보어 que의 성·수와 일치하기 때문에 그 선행사인 pommes de terre의 성·수를 따라 données가 되었다.
5. se **massant**=et ils se massèrent.
6. **l'air si heureux** 양태의 상황보어.
7. **que**=combien=comme.
8. **fut fait** faire의 수동형 단순과거.
9. **que** 앞의 m'oblige à dire que로 연결되는 것.
10. **d'entendre..., de penser...** 「…을 듣고, …을 생각하고」. 여기서 「de+부정법」은 「de+명사」와 같은 것이며 원인을 나타낸다.

écus sous sa blouse, de penser aux parties de *galoche* qu'il avait là en perspective,[1] le petit Stenne ne trouvait plus son crime aussi[2] affreux.

Mais, lorsqu'il fut seul, le malheureux enfant! lorsque, après les portes, le grand l'eut quitté,[3] alors ses poches commencèrent à devenir bien lourdes, et la main qui lui serrait le cœur[4] le serra plus fort que jamais. Paris ne lui semblait plus le même. Les gens qui passaient le regardaient sévèrement, comme s'ils avaient su[5] d'où[6] il venait. Le mot espion, il l'entendait dans le bruit des roues, dans le battement des tambours qui s'exerçaient le long du canal. Enfin il arriva chez lui, et, tout heureux de voir que son père n'était pas encore rentré,[7] il monta vite dans leur chambre cacher[8] sous son oreiller ces écus qui lui pesaient[9] tant.

Jamais le père Stenne n'avait été si bon, si joyeux qu'en rentrant ce soir-là. On venait de recevoir des nouvelles de province: les affaires du pays allaient mieux. Tout en mangeant,[10] l'ancien soldat[11] regardait son fusil pendu à la muraille, et il disait à l'enfant, avec son bon rire:

---

1. **en perspective**=en espérance=dans l'avenir.
2. **aussi**=si.
3. **l'eut quitté** quitter의 전과거. commencèrent의 행위·직전에 있었던 행위를 나타낸다.
4. **lui serrait le cœur** 인체의 부위에 관한 표현에서는 소유형용사를 쓰지 않고 정관사를 쓰며 그 부위의 소유자는 앞에 보어인칭대명사를 놓음으로써 표시하는 것이 불어의 습관이다.
5. **comme s'ils avaient su** comme si 다음에는 현재의 비유일 때는 직설법 반과거, 과거의 비유일 때는 직설법 대과거나 또는 조건법과거 제 2형을 쓴다. avaient su는 savoir의 직설법 대과거.
6. **d'où** 「어디서」. d'où il venait 일종의 간접의문 종속절.
7. **était rentré** rentrer의 대과거. monta 이전에 완료되어 있는 상태를 나타내는 대과거. ...de voir que son père n'était pas encore rentré 「아버지가 아직 들어와 계시지 않은 것을 보고」의 뜻.
8. **cacher** 앞의 monta와 연결되는 부정법. 위치의 변화를 가져오는 행위를 나타내는 자동사는 목적을 나타내는 pour를 쓰지 않고 부정법동사를 받는다.
9. **lui pesaient**=lui donnaient le sentiment d'être pénible. 「그에게 괴롭게 여겨지는」.
10. **tout en mangeant** manger의 gérondif에 강조의 tout가 걸린 것.
11. **l'ancien soldat** 「재향군인」.

«Hein, garçon, comme tu irais aux Prussiens, si tu étais grand!»

Vers huit heures, on entendit le canon.

«C'est Aubervilliers . . . On se bat au Bourget», fit le bonhomme, qui connaissait tous ses forts. Le petit Stenne devint pâle, et, prétextant une grande fatigue, il alla se coucher, mais il ne dormit pas. Le canon tonnait toujours. Il se représentait[1] les francs-tireurs arrivant[2] de nuit[3] pour surprendre les Prussiens et tombant[4] eux-mêmes dans une embuscade. Il se rappelait le sergent qui lui avait souri,[5] le[6] voyait étendu là-bas dans la neige, et combien d'autres[7] avec lui![6] . . . Le prix de tout ce sang se cachait là, sous son oreiller, et c'était lui, le fils de M. Stenne, d'un soldat . . . Les larmes l'étouffaient. Dans la pièce[8] à côté, il entendait son père marcher, ouvrir[9] la fenêtre. En bas, sur la place, le rappel sonnait, un bataillon de mobiles se numérotait pour partir. Décidément, c'était une vraie bataille. Le malheureux ne put[10] retenir un sanglot.

«Qu'as-tu donc!» dit le père Stenne en entrant.

L'enfant n'y tint plus, sauta de son lit et vint se jeter aux pieds de son père. Au mouvement qu'il fit, les écus roulèrent par terre.

«Qu'est-ce que cela? Tu as volé?» dit le vieux en tremblant.[11]

---

1. **il se représentait**=il s'imaginait=il se figurait
2. **arrivant**=qui arrivaient.
3. **de nuit** 「밤에, 밤중에」.
4. **tombant**=qui tombaient.
5. **avait souri** sourire의 대과거. se rappelait 보다 전에 있었던 행위를 나타내기 때문에 대과거를 쓴 것.
6. **le**=le sergent. **lui**=le sergent.
7. **Combien d'autres** combien d'autres soldats의 뜻.
8. **la pièce**=la chambre.
9. **son père marcher, ouvrir...** 감각동사 entendait의 직접목적보어인 부정법절. son père가 부정법절의 주어.
10. **ne put** pouvoir의 단순과거의 부정형. 동사 pouvoir는 부정부사 pas를 생략하고 **ne**만으로 부정될 수 있다.
11. **en tremblant** trembler의 현재분사. 동시성을 나타내는 것.

Alors, tout d'une haleine,[1] le petit Stenne raconta qu'il était allé chez les Prussiens et ce qu'il y avait fait. A mesure qu'il parlait, il se sentait le cœur plus libre, cela[2] le soulageait de s'accuser . . . Le père Stenne écoutait, avec une figure terrible. Quand ce fut fini, il cacha sa tête dans ses mains et pleura.

«Père, père! . . .» voulut dire l'enfant.

Le vieux le repoussa sans répondre, et ramassa l'argent.

«C'est tout?» demanda-t-il.

Le petit Stenne fit signe que c'était tout. Le vieux décrocha son fusil, sa cartouchière, et, mettant[3] l'argent dans sa poche:

«C'est bon, dit-il, je vais le leur rendre.»

Et, sans ajouter un mot, sans seulement retourner la tête, il descendit se mêler aux mobiles qui partaient dans la nuit. On ne l'a jamais revu depuis.

---

1. **tout d'une haleine** 「단숨에」.
2. **cela** 형식주어. 내용상의 주어 de s'accuser를 지시한 것.
3. **mettant** mettre의 현재분사. 여기서는 en mettant과 같은 뜻.

Alphonse Daudet 年表

1840. 5. 13. 남불의 유서깊은 고도 Nimes에서 출생. 아버지는 견직물 직조 및 판매업자인 Vincent Daudet.
가세가 기울어져 가족이 Lyon으로 이주, 그후 Saint-Pierre 성가대 양성소에서 초등교육을 받기 시작. Lycée에서 공부를 시작.
1855 처녀시 및 소설을 써서 지방신문에 발표하려 했으나 햇빛을 보지 못함.
1856 파산하여 학업을 중단해야 할 처지에 이르러, 학업을 계속하기 위해서 Collège d'Alès의 복습교사로 취임.
1857. 11. 1. Paris에 상경. 8, rue de Tournon에 있는 큰 형님 집에서 기거.
1858 처녀시집 《Les Amoureuses》 발표. 《Le Figaro》지에 《Gueux de province》, 《Chaperon rouge》 등 발표.
1860 정계의 유력자 duc de Morny의 인정을 받아 개인비서로 취직. 이후 5년간 근무하면서 안정된 생활을 하면서 시보다는 소설창작에 전념하기로 결심.
1861 건강이 나빠져서 Algérie로 요양차 여행, 그후 Provence의 Arles 근처에 moulin을 빌어 일하는 방으로 사용.
1865 duc de Morny의 사망으로 유일한 일자리에서 해방되어 창작에 몰두.
1866 《L'Evénement》지에 Chroniques Provençales의 제목으로 단편을 싣기 시작, 나중에 《Le Figaro》지에 게재, 대호평.
1857. 1. 27. Julia Allard양과 결혼. 일평생 좋은 인생의 반려로서 또 협력자로서 큰 도움을 받게 됨. 신부에게 moulin을 보여주기 위해 Provence로 신혼여행.
1869 자서전적인 소설 《Le petit Chose》 발표.
1869 Chroniques Provençales의 이름으로 발표된 단편소설을 모아 《Lettres de mon moulin》의 이름으로 출판.
1870 보불전쟁 발발. 청년유격대원으로 종군.
1871 《L'Arlésienne》발표.
1872 《Tartarin de Tarascon》 발표. Vaudeville극장의 의뢰로 3막 5장으로 각색한 《L'Arlésienne》가 공연되었으나 실패하여 낙담.
1873 보불전쟁과 La Commune의 경험을 소재로 단편집 《Contes du Lundi》 발표.
1874 소설 《Femmes d'artistes》 《Fromont jeune et Risler ainé》 를 발표하여 명성을 얻음. 《Robert Helmont》 《Etudes et Paysages》 발표.
1876 소설 《Jack》 발표.
1877 소설 《Le Nabab》 발표.
1879 소설 《Le Rois en exil》 발표.
1881 소설 《Numa Roumestan》 발표.
1883 소설 《L'Evangéliste》 발표.
1884 소설 《Sapho》 발표. 루머티스에 걸려 13년간 고생하게 됨.
1885 소설 《Tartarin sur les Alpes》 발표.
1888 소설 《L'Immortel》 발표. 한편 수필집 겸 문단회고록 《Trente ans de Paris, Souvenir d'un homme de lettres》 발표.
1890 소설 《Port-Tarascon》 발표.
1895 소설 《La Petite Paroisse》 《Le Trésor d'Arlatan》 《Soutien de famille》 발표.
1897. 12. 16. Paris에서 사망.

홍승오

서울대학교 사범대학 불어과 교수 역임
서울대학교 명예교수

A. Daudet

CONTES CHOISIS

도오데단편선 —주석과 해설

초판 1쇄 발행 _ 1972년 11월 20일
초판 15쇄 발행 _ 2013년 8월 28일

편저자 · 홍 승 오
발행인 · 정 현 걸
발 행 · 신 아 사
인 쇄 · 예지인쇄
주 소 · 서울특별시 은평구 통일로 59길 4 2층(122-826)
전 화 · (02) 382-6411 팩 스 · (02) 382-6401
홈페이지 · www.shinasa.co.kr
E-mail · shinasa@daum.net
출판등록 · 1956년 1월 5일 (제 9-52호)

ISBN 89-8396-174-0

정가 *8,000* 원